Volker Griese

DIETRICH THEDEN

Volker Griese

Dietrich Theden

Beiläufiges zum Vater der Deutschen Kriminalerzählung

Leben • Werk • Wirkung

Die Deutsche Nationalbibliothek verzeichnet
diese Publikation in der Deutschen Nationalbibliografie;
detaillierte bibliografische Daten sind im Internet
über www.dnb.de abrufbar.

2. überarbeitete Auflage
© 2022 Volker Griese
Alle Rechte vorbehalten
Satz: Volker Griese
Gesetzt aus der Georgia
Frontispiz nach einer zeitgenössischen Aufnahme um 1895
Herstellung und Verlag: BoD – Books on Demand,
Norderstedt

ISBN: 978-3-741-23983-0

Denn was für ein näheres Interesse haben wir, als unserer Unwissenheit und Irrthümer entbunden zu werden.

Christoph Martin Wieland

Was die Farbe des Mondes betrifft, so ist sie gewöhnlich groß

J. C. A. Galletti

Inhalt

»*Allein*« – »*An die Schwester*« — 9
»*Ein nicht unbedeutendes Erzähltalent*« — 10
Kindheit und Jugend — 14
Lehrjahre eines angehenden Literaten — 18
Freier Schriftsteller — 25
Der Autor und sein eigentliches Werk — 34
Holsteiner Erzählungen — 40
Resümee — 62
Bibliografie — 63
Anmerkungen — 65

»Allein« – »An die Schwester«

Du weißt ja nicht, was Sehnsucht ist,
Verstehst mein thränend Auge nicht;
Dir blieb der süßen Kindheit Heim,
Der Elternaugen sonnig Licht,

Dir blieb der Jugendspielen Schar,
Der trauten Heimat Liederklang,
Dich grüßt der Wald mit Kuckucksruf,
Das Saatenfeld mit Lerchensang,

Dir strahlet eine Zauberwelt
Aus des geliebten Mannes Blick! – –
Mir aber blüht im fremden Land
Kein selig Lied von Lieb und Glück.

Mir gilt der Sänger Jubel nicht,
Mir nicht des Lenzes Sonnenschein,
Mir gilt kein Blick, kein Händedruck:
Ich steh' abseits, ich geh' allein!

(Dietrich Theden)[1]

»Ein nicht unbedeutendes Erzähltalent«[2]

Er ist einer der großen Unbekannten in der Schleswig-Holsteinischen Literatur. Kaum eine autobiografische Äußerung ist von ihm bekannt, kaum ein Porträt, kaum ein Brief existiert in den Archiven. Und schon sehr früh breitete er um seinen Herkunftsort den Mantel des Schweigens. Die Rede ist von Dietrich Theden.

Die Spuren, die er sowohl in der Literaturgeschichte wie auch in der Sekundärliteratur hinterlassen hat, sind dabei zahlreich. Die einen beurteilen ihn bis heute als einen der *»guten Kenner von Jugendliteratur«*[3], der mit seiner theoretischen Schrift ›*Führer durch die Jugendliteratur*‹[4] sich als Erster in Deutschland umfassend dem Thema, unpolemisch und pädagogisch abgeklärt, gewidmet hat, dessen stark erweitertes Buch 10 Jahre später sich über Jahre als Standardwerk behaupten sollte und der es zunächst mit seinen eigenen Kinderbüchern, als Autor, Bearbeiter oder Herausgeber, verstand, durch die Stoffauswahl in Verbindung mit der *»tiefen, zum Herzen gehenden Sprache«*[5], die Anschauung des Kindes anzusprechen.

Anderen ist er bekannt als derjenige, der den in Vergessenheit geratenen Reiseschriftsteller Friedrich Gerstäcker durch eine 24-bändige Auswahlausgabe des ›Costenoble-Verlags‹, für ein junges Publikum bearbeitet, erst so richtig einer breiten Leserschaft zugeführt hat.[6] Die Presse war angetan: *»Es war ein glücklicher Gedanke der Verlagsbuchhandlung, diese neue billige Ausgabe des beliebten Schriftstellers von der kundigen Hand des Gartenlauben-Redacteurs Dietrich Theden redigiren zu lassen, um alle Längen und etwas Veraltetes daraus zu entfernen, ohne die schuldige Pietät zu verletzen.«*[7] Jahre später schaffte er es mit dem im gleichen Genre tätigen Balduin Möllhausen noch einmal, einem der bedeutendsten Autoren des deutschen ethnografischen Abenteuerromans im 19. Jh. – der allerdings um die Jahrhundertwende auch schon wieder als vergessen und abgetan galt –, neues Leben einzuhauchen. Und dabei ist diese ab 1906 erschienene Ausgabe, obwohl auch diese Texte bearbeitet und gekürzt wurden, die bis heute »*bekannteste Möllhausen-Ausgabe*«.[8]

Nur wenigen dagegen gilt Theden als einer der ersten deutschen Erzähler von Kriminal- und Detektiv-Geschichten. Was bei näherer Beschäftigung mit dem Autor durchaus erstaunt, handelt es sich doch hierbei um sein eigentliches Werk. Dass in Deutschland Kriminalromane nach 1900 »*immer noch aus dem Ausland in recht unerwünschter Fülle importiert*«[9] wurden, war für einige Literaturwissenschaftler zwar bedauerlich, doch es gab ja immerhin wenige Ausnahmen, so die Nörgler, darunter die Werke Dietrich Thedens. Mühten sich einige Wenige an solchen Stoffen, so verstand Theden es in seiner Zeit eine »*feinere Naht*«[10] zu spinnen als alle anderen. Einzelne Erzählungen gelangten sogar noch nach seinem Tod in Anthologien, gedruckt neben Autoren eines Edgar Allan Poe, Wilkie Collins und anderen.[11] Und – was kaum ein deutscher Autor bis heute schafft –, Theden gelang es, auf sich im Ausland aufmerksam zu machen: Ins Polnische wurde ein Kriminalroman übersetzt[12] und zwei Kriminalerzählungen erschienen in den USA.[13] Dabei war er einer der Ersten, der die intensive Polizeiarbeit, die Ermittlungstätigkeit auch hinter den Kulissen, die Arbeit der Gerichte und der Mediziner als Stilmittel nutzte.

Und so lautete das internationale Urteil noch in den 1920er Jahren: »*Characteristic of the German detectiv story are the books of Dietrich Theden*«.[14] In den 1950er

Jahren wies dann das in der Schweiz auf Französisch herausgegebene ›Revue internationale de criminologie et de police technique‹ auf den Stellenwert Thedens für den deutschsprachigen Raum hin: »*Theden doit être considéré comme le plus grand écrivain policier de langue allemande de cette époque*« (»*Theden muss als der größte deutschsprachige Kriminalschriftsteller dieser Zeit angesehen werden*«).[15] Und selbst heute noch wird in Übersee die Meinung vertreten: »*In the early part of the 20th Century there were a few interesting crime writers including [...] Dietrich Theden*«.[16]

Als sein bekanntester Roman gilt dabei der in Berlin spielende ›Menschenhasser‹ (1904), der es bis nach dem 1. Weltkrieg zu einer Auflage von mindestens 30000 Exemplaren brachte und der, wenn auch gekürzt und bearbeitet – eines der seltenen Beispiele im Bereich der Unterhaltungsliteratur –, 1985 eine ebenfalls hohe Auflage in der DDR erzielte. Dieser Spagat zwischen einem ehemaligen Förderer der Kinder- und Jugendliteratur auf der einen und späteren Autor von Unterhaltungsliteratur in Form von Kriminalgeschichten andererseits rief naturgemäß in Deutschland aber auch Kritiker hervor: Theden »*pflegt die Kriminalgeschichte leidlich geschmackvoll, was seinen Beruf zum Jugendschriftsteller zum Mindesten in Frage stellt.*«[17] Auch einem weiteren Zeitgenossen passte die ganze Richtung nicht: »*Viel Gutes lässt sich auch nicht von Dietrich Theden sagen. [...] Er ist nur Unterhaltungsschriftsteller und kann als solcher auch nur bescheidenen Ansprüchen genügen. Mit Vorliebe – und das ist charakteristisch für seine Stellung zur Kunst – pflegt er die kriminalistische Erzählung*«. Zwar erkannte er an, dass sich der Autor auch als »*Heimatdichter versucht*«, doch die Kunst eines Gustav Frenssen, so Wilhelm Lobsiens Resümee, hätte er nicht erreicht.[18]

In seiner unmittelbaren Heimat, in seinem Geburtsort dagegen war und ist dieser Schriftsteller nahezu unbekannt geblieben; was aber durchaus von dem Autor mit der Verschleierung seines Geburtsortes in nahezu sämtlichen Schriftstellerlexikas und autobiografischen Angaben bewusst auch so betrieben wurde. Zu sehr griff er doch in zahlreichen seiner Erzählungen auf Örtlichkeiten oder gar auf Charaktere aus seiner unmittelbaren Heimat zurück, immer wieder tauchen sie – mal mehr, mal weniger, mal gar nicht umschrieben – in seinen Werken auf. Er trug diese Heimat stets im Herzen und schöpfte gerade auch in seinen Werken aus ihr.

Kindheit und Jugend

Hans Dietrich Theden erblickte am 15. Juni 1857 auf dem später erst so benannten Bauernhof ›Dreieichen‹ auf der Feldmark Bansrade bei Wankendorf als unehelicher Sohn des Bauern Johann Friedrich Theden das Licht der Welt. Die Mutter, Maria Dorothea Riecken, stammte von der nebenan liegenden Halbhufe ›Bansrade‹ und war »*10 Monate zuvor auf dem Hofe*« gewesen.[19] Zu seinen Vorfahren soll, der Überlieferung nach, sogar ein Leibarzt Friedrichs des Großen gehört haben.[20] Die Bauernstelle wurde wohl um 1760 als Pachtstelle durch den Depenauer Gutsherrn geschaffen und von dem aus Nettelau stammenden Ur-Ur-Großvater Claus Theden nach der Einrichtung übernommen.

Sie bestand im Wesentlichen aus den Gemarkungen Bansrade, Hinterste Wiese, Radewiesenhorst, Langensieck, Depenwisch und Langensieckskoppel mit insgesamt 38 To.[21] 1795 folgte Johann Christian Theden und

Kleine Häuerstelle ›Bansrade‹ später ›Dreieichen‹ – ab 1784 Halbhufe. Aufnahme von 1925.

nach Aufhebung der Leibeigenschaft und der Einrichtung als Erbpachtstelle 1823 Claus Friedrich Theden. Laut Gebäudesteuerveranlagung bestand das Anwesen um 1852 aus einem Wohnhaus, einer Scheune, einem Backhaus und einer großen, sechsfeldrigen Fachwerkkate.[22]

»Der väterliche Bauernhof lag inmitten gesegneter Getreidefelder, die in den Jahresfolgen mit Weizen, Roggen, Gerste, Hafer, Klee usw. bestellt wurden. ›Große Kartoffeln‹ wollten nicht gedeihen; da war der Boden zu schwer.

Die Haselsträucher der Knicks brachten oft eine reiche Nußernte, an den Wällen schimmerte das Rot der Erdbeeren, und über und in den Gräben wucherten Brombeeren und Himbeerstauden. Die Feldteiche mit ihren goldschuppigen Karauschen waren mein Fischrevier.«[23]

Über die Jugend Dietrich Thedens ist wenig bekannt. Er besuchte die Schule in Wankendorf. Geistig weiter als die übrigen Dorfschüler scheint er gewesen zu sein, denn einem seiner Lehrer erschloss sich die Begabung des Jungen. Es waren entweder die verantwortlichen Hauptlehrer Christian Schrader, der bis 1871 an der Dorfschule für den Unterricht verantwortlich war, sein Nachfolger Friedrich Dietz oder der während der gesamten Zeit tätige Hilfslehrer H. Brandt.[24] Einer von ihnen jedenfalls war es, der in dem Schüler den Wunsch weckte, den Beruf eines Pädagogen zu ergreifen.[25] Doch die finanziellen Mittel der Eltern reichten nicht, ein Studium aufzunehmen. So bildete Theden sich zunächst selber weiter. Schließlich setzte er auch aus Kostengründen alles auf eine Karte und beschloss, als Autodidakt, als Externer, das Examen am Eckernförder Lehrerseminar abzulegen. Die gründliche Vorbereitung sollte Früchte tragen. Er bestand das Examen für Mittelschulen.[26] Zunächst gelang es ihm, als eine Art Hilfslehrer unterzukommen.[27]

Erst Jahre später kehrte er noch einmal in seine Heimat zurück, doch es war nicht mehr das Refugium seiner Jugend: »*Ganz nah dem Bauernhofe durchzog die Landschaft der dunkle Strich der Waldlisiere. Dieser Wald war der Schmuck der Gegend. Da kam ein Bauer der Gemeinde, kaufte den Wald an und steckte die ganzen schönen Erlen-, Buchen- und Eichenschläge in seine großen, golddurstigen Taschen. Ich war nicht Zeuge, als die Axt auf dem heiligen Boden wütete; aber als ich nach Jahren wiederkam, da hatten sie mit dem Walde der Heimat die Seele genommen. Ich habe die Stätte nicht mehr wiedergesehen. Bin in der Fremde geblieben.*«[28] Doch aus dem Herzen und den Gedanken konnte er die Heimat nie verbannen, wie noch zu zeigen sein wird.

Wenn auch der elterliche Hof 1873 in andere Hände gelangte und die Spuren der Familie sich verwischten, muss nach seinem Weggang aus Wankendorf noch ein Kontakt bestanden haben. Manches, was er zukünftig in seinen Werken verarbeiten, worauf er Bezug nehmen sollte, trug sich erst Jahre später im Ort oder der Umgebung zu. Vielleicht gab es noch eine Schwester, wie das eingangs zitierte Gedicht von Theden andeutet, und die noch im Ort lebte.

Lehrjahre eines angehenden Literaten

Nach einem kurzen Intermezzo am Waisenhaus zu Wandsbek erhielt Dietrich Theden 1879 eine feste Anstellung am Hamburger Waisenhaus in der Averhoffstraße auf der Uhlenhorst. Die Stadt war zu der Zeit Anlaufpunkt tausender von Auswanderern, die ihr Glück in den USA suchen wollten, sowie Rückkehrhafen von zahllos in den Staaten Gescheiterter. Der Pädagoge Theden wunderte sich, wie gutgläubig, wenig informiert, manchmal sogar leichtsinnig doch viele der Auswanderer waren. So verfasste er mit seinem, allerdings wenig beachteten, Erstlingswerk ›*In der Fremde. Eine Volksgeschichte für Auswanderungslustige*‹ (1883) eine didaktisch klug eingefädelte Erzählung, die durchaus auf die Schattenseiten eines deutschen Auswanderers in New York eingeht.[29]

Neben seiner Tätigkeit als Lehrer war es besonders die zum Haus gehörende Schülerbibliothek, die ihn vor allem vom pädagogischen Standpunkt veranlasste, sich erstmals eingehender mit der Jugendliteratur im Allgemeinen zu beschäftigen.[30] 1883 war es soweit: Der ›*Führer durch die Jugendliteratur*‹ erschien, eine deutschlandweit beachtete und geachtete Schrift, die innerhalb kurzer Zeit zum Standardwerk und zehn Jahre später wesentlich erweitert selbst bis ins 20. Jh. immer wieder gerne als Ratgeber genutzt wurde. Darin seine Forderung, eine gute Jugendliteratur sei »*sittlich rein und wahrhaftig [...], ohne Erotik, aber unterhaltsam und belehrend.*« Auch gehören »*kirchliche Streitigkeiten, soziale und politische Mißstände*« nicht hinein.

Noch zielte sein ganzes Interesse und Wirken auf eine gediegene Jugendliteratur hin. Um diesem Mangel abzuhelfen, griff er zunächst auf ältere Werke zurück und betätigte sich als Bearbeiter und Buchherausgeber älterer Jugendschriften z.B. von Friedrich Jacobs, von dem er ebenfalls 1883 ein Werk herausgab. Sein pädagogischer Impetus mag das Fortlassen der Erzählung eines von Zigeunern entführten Kindes aufzeigen. Theden erachtete das als gänzlich ausgeschlossen und wollte, dass dieser Aberglaube nicht immer wieder aufgefrischt und dadurch im öffentlichen Bewusstsein wach gehalten werde. Weitere Bücher Jacobs sollten folgen.[31] Doch das Fachbuch war es dann, das ihm den weiteren Weg ebnete. Es war die Geburtsstunde Thedens zum späteren Redakteur, Herausgeber und Schriftsteller.

Als die Gebrüder Adolf und Paul Kröner mit der ›Gartenlaube‹ die seinerzeit auflagenstärkste und bedeutendste deutsche Familienzeitschrift übernahmen, hielten die Herausgeber sofort Ausschau nach einem unverbrauchten Redakteur für die Jugendabteilung. Der Blick fiel auf den Hamburger Lehrer, der sich mit seinem ›*Führer durch die Jugendliteratur*‹ sowie weiteren Veröffentlichungen in Fachzeitschriften der Lehrerschaft zu diesem Thema und mit seinem pädagogisch geschulten Hintergrund von selbst aufdrängte. An Thedens Bekanntheitsgrad in diesem Bereich konnte zu der Zeit niemand vorbeisehen. Adolf Kröner reiste extra nach Hamburg, um Theden die Sache schmackhaft zu machen.[32]

Der Anfrage konnte und wollte Theden sich nicht widersetzen. Bot sich hier doch die Gelegenheit, seiner erzieherischen und erstmals auch schriftstellerischen Neigung nachzugehen und dabei aus dem übersichtlichen Hamburger jetzt einen wesentlich größeren Wirkungskreis zu erreichen. So gab er dem persönlichen Drängen Adolf Kröners nach und übernahm zum 1. April 1884 eine Stelle als Redakteur an der ›Gartenlaube‹ in Leipzig.[33] Neben seiner Arbeit in der Redaktion begann er, erste kleinere Artikel zu verfassen. Und so berichtete er in den folgenden Jahren über Literaten wie Denis Diderot, über die Gudrunsage, schrieb ›*Über die Wahl des Berufes*‹, wie doch so viele Tausende hoffnungsfroh die Schule verlassen, aber dann »*nichts als das Los verfehlter Existenzen*«[34] ziehen, schrieb über den Humoristen Lothar Meggendorfer oder empfahl zum Weihnachtsfest, welche Bücher der Jugend geschenkt werden könnten. Es waren die Lehrjahre eines angehenden Literaten.

Als der Zeitungsverlag 1888 nach Stuttgart übersiedelte, zog Dietrich Theden mit nach Süddeutschland, in die Stadt am Neckar in die Schickstraße 2, um dort für den Kröner Verlag, der zur Union Deutsche Verlagsgesellschaft gehörte, auch an deren ›Universalbibliothek für die Jugend‹ mitzuarbeiten. Festzuhalten bleibt, dass hier in Stuttgart insgesamt Thedens große Zeit als Bearbeiter begann. In den Jahren 1889–1891 erschien die 24-bändige Ausgabe der Werke des großen Weltreisenden und Schriftstellers Friedrich Gerstäcker (*1816 †1872), die auf dem Literaturmarkt überaus erfolgreich

Anzeige in der Wiener ›Die Presse‹, *21. April 1889.*

war. Über diese Beschäftigung erlernte er schließlich sein eigenes Handwerk als Schriftsteller. Denn in der Folgezeit erschienen verstreut in Zeitschriften erste eigene Novellen. Sind es zunächst psychologisch nuancierte Beziehungsgeschichten, kommen schon bald erste Kriminalerzählungen hinzu.

Nach einiger Zeit fühlte er sich zunehmend unwohl in der ihm neuen Stadt und im Verlag. Dazu trug auch der Umstand des, im Gegensatz zu Leipzig, eher konservativen Umfelds im damaligen Stuttgart bei. Zumal Theden von Zeitgenossen als »*liberal aber nicht nationalliberal*« eingeschätzt wurde.[35] »*... es waren glückliche Jahre des Lernens und Vorwärtsgehens unter dem tüchtigen Führer des Blattes, der nur vielleicht etwas allzu eng mit dem Geiste der Schwab und Uhland, seiner Heimatsgenossen, verwachsen und darum dem etwas ungebärdigen Anheben einer neuen Zeitströmung nicht recht geneigt war.*«[36]

Immerhin hatte sein Name auch als Redakteur inzwischen einen guten Klang. Als Alfred Hauschildt, der Herausgeber des ›Universum‹, mit einer Auflagenhöhe von 42 000 Exemplaren eine bedeutende gutbürgerliche Kulturzeitschrift liberalen Formats, ihm 1890 gar die Stelle des leitenden Redakteurs anbot, folgte er dem Ruf und zog Mitte des Jahres nach Dresden, zunächst in die Cirkusstraße Nr. 14 gefolgt von der Nr. 31.[37] Neben der Hauptarbeit, seiner Redakteurstätigkeit, entstanden zum einen als Herausgeber ›*Im Zauber der Dichtung. Ausgewählte Liederblüthen*‹ (1891), mit dem er vor allem die Tendenz verfolgte, ältere Lyrik wieder ins Gedächtnis zu rufen, sowie als Autor und mit über 100 Illustrationen versehen ›*Jugendgrüße. Neue Geschichten für die Kinderwelt*‹ (1891). Beide Erzeugnisse wurden als »*ganz hervorragendes Prachtwerk*« bezeichnet, die es verdienen, einen weiten Leserkreis zu finden.[38] »*The-*

dens Stärke liegt in der Wahl der ansprechenden Stoffe und in der schlichten und doch tiefen, zum Herzen dringenden Sprache. Er vermeidet es, düstere Bilder, die der sonnigen Anschauungsweise des Kindes fern liegen, aufzurollen«.[39] Die Werke erschienen im Verlag seines Arbeitgebers. Doch auch die Verbindungen nach Stuttgart waren nicht abgerissen. Für die ›Universalbibliothek für die Jugend‹ betätigte sich Theden noch einmal als Bearbeiter und Herausgeber einzelner Werke von Robert Reinick[40] und von Wilhelm Hey[41].

Als Redakteur dagegen verfolgte er ein Ziel: Die Autoren sollten interessante und belehrende Themen zur allgemeinen Bildung sowie Erzählungen spannend darbieten. Damit machte er sich vor allem bei den in den Unterhaltungsblättern noch weit verbreiteten Schriftstellerinnen und Schriftstellern keine Freunde, die als Epigonen des Biedermeiers auftraten. So sandte er u.a. Luise Schenk eine Arbeit mit dem Urteil zurück, sie wäre »*zu wenig spannend*«. Ernst Barlach, der mit ihr entfernt verwandt war und der davon erfuhr, mokierte sich ohne bisher selbst etwas von der Cousine seiner Mutter gelesen zu haben: »*Ich hätte große Lust, einmal über die Universumwirtschaft herzufallen; [...] Mir scheint, Dietrich Theden lässt sich vom adeligen Namen über Gebühr imponieren*«.[42] Allerdings waren zu der Zeit zahlreiche »vons« in der von Theden geleiteten Zeitschrift vertreten. Als Barlach später einige Werke seiner Verwandten gelesen hatte, fand er dann allerdings das Urteil Thedens durchaus nachvollziehbar.

Nachdem Dietrich Theden inzwischen eine »*reiche Erfahrung auf dem Gebiete des illustrirten Zeitschriftenwesens*«[43] gesammelt hatte, bot ihm schließlich 1893 der Verleger Richard Bong vom ›Deutschen Verlagshaus Bong & Co.‹ eine äußerst interessante Stellung an. Theden griff zu und wechselte im Januar

1894 erneut seinen Wirkungs- und Lebenskreis. Er ging nach Berlin, um fortan als Chefredakteur die mit über 100 000 Abonnenten weitverbreitete belletristische Familienzeitschrift ›Zur guten Stunde‹ zu leiten. Versüßt wurde diese Entscheidung wohl auch dadurch, dass der Verleger ihm die Möglichkeit anbot, in der Zeitschrift eigene Erzählungen zu veröffentlichen sowie in dem zugehörigen Buchverlag erstmals ein Sammelwerk zuvor abgedruckter Geschichten herauszubringen. Und so erschien nur ein Jahr später mit ›*Im Banne der Leidenschaft*‹ Thedens erster eigener Novellenband. Doch für das eigene Schaffen blieb schon bald kaum noch Zeit übrig. Wurde doch im selben Jahr die Redaktion auch verantwortlich für das neu übernommene Unterhaltungsblatt ›Für alle Welt‹. Theden zog daraus seinerseits Konsequenzen und schied zwei Jahre später zum 1. Februar 1896 aus der Redaktion aus.[44] Die Stadt an der Spree sollte aber seine letzte Wahlheimat bleiben.

Wohnte er zunächst in Berlin-Mitte in der Zimmerstraße Nr.40/41, so folgte später der Umzug nach Berlin-Schöneberg in die Goltzstraße Nr.22 gefolgt von Nr.10.[45]

Berlin-Schöneberg, Blick in die Goltzstraße um 1908.

Freier Schriftsteller

Fand Dietrich Theden zunächst für einige Monate ein Unterkommen in der Redaktion des ›Berliner Lokalanzeigers‹[46], so setzte er danach alles auf eine Karte. Zwar wirkte er zukünftig immer mal wieder hier und da als freier Mitarbeiter mit, so in späteren Jahren, um 1908, als literarischer Leiter der Buchreihe ›Bibliothek Alfred Scherl‹ im gleichnamigen Verlag, sein Haupteinkommen bestritt er aber von jetzt an als freier Schriftsteller. Zahlreiche seiner Erzählungen erschienen seitdem in den überregional bekanntesten und renommiertesten Unterhaltungsblättern dieser Jahre: in der Leipziger ›Illustrirte Zeitung‹ oder ›Nord und Süd‹.

Er hatte jetzt seinen eigenen Stil entwickelt. Die Zeit der Kinder- und Jugendbücher gehörte endgültig der Vergangenheit an. Nachdem sich Dietrich Theden als selbstständiger Schriftsteller betätigte, musste er sich seiner Rolle als Autor durchaus besonders bewusst gewesen sein: Es handelte sich fortan um kein »Feierabendvergnügen« mehr, neben der bis dahin ausgeübten Tätigkeit eines Redakteurs. Das gesicherte Einkommen musste jetzt durch ständige Präsenz auf dem literarischen Markt ausgeglichen werden. Dazu war es notwendig, den Ton beim Publikum, die Erwartungshaltung der zu bedienenden Leserschichten genau zu treffen. Theden fiel es durch seine Bekanntheit als Redakteur und als gewandtem Schreiber nicht schwer, bei den großen überregionalen Zeitschriften zu publizieren. Dabei lieferte er seine Ware entsprechend dem Bedarf, entsprechend den Leserwünschen. Kriminalgeschichten und lustige Erzählung gingen an dieses oder jenes Journal während über Jahre für die Frauenrubrik der ›Leipziger Illustrirte‹, für ›Nord und Süd‹ oder das

›Universum‹ fast ausschließlich Beziehungsgeschichten entstanden. Und in diesen monatlich oder wöchentlich erscheinenden Unterhaltungsblätter zählte er mit seinen Erzählungen schon bald zu einem der bekannteren Schriftsteller.

Die Literatur geriet über die Jahre zu einem reinen Produktionsfaktor, zum Handwerk, das zum Überleben wichtig war. Doch die ständige Anspannung des Produzierenmüssens lässt sich nicht immer durchhalten. Manch einen der Kollegen vor und nach ihm trieb sie in den finanziellen Ruin, andere in den nervlichen Zusammenbruch. Bei Theden versagte schließlich die Gesundheit.

Über die Jahre erfreuten sich Leser wie Verleger besonders an seinen rätselhaft-tragischen Beziehungs- oder Kriminal- und Detektivgeschichten, die, nach zuvor erfolgten Zeitschriftenvorabdrucken dann in Buchform erschienen. Sei es ›*Auf der Flucht und andere Geschichten*‹ (1897), ›*Der Advokatenbauer*‹ (1899), ›*Ein Verteidiger*‹ (1900), ›*Neues Novellenbuch*‹ (1901), ›*Das lange Wunder und andere Kriminalgeschichten*‹ (1902), ›*Die zweite Buße*‹ (1903), ›*Menschenhasser*‹ (1904) oder ›*Fein gesponnen. Kriminalerzählungen und andere Geschichten*‹ (1905). Wenn auch ein in den Gefilden der Jurisprudenz besser beschlagener Rezensent bei manchen Konstruktionen einiger Handlungen Ungenauigkeiten bekrittelte – Theden scheine »*im Zivilrecht weniger gut beschlagen zu sein, als im Kriminalrecht*« –, erkannte er doch an, dass der Autor es verstehe, Umgebung, Stimmungen und Beleuchtungen der Personen »*mit großer Lokalkenntnis*«[47] zu schildern. Vor allem aber, er ist einer der Ersten, der die sorgfältige Schilderung polizeilicher, gerichtlicher und kriminaltechnischer Ermittlungsarbeit nutzte. Die Leser sahen es ebenso – und die Verleger auch.

Das verdeutlicht allein schon die Tatsache, dass Romane und zu Sammelbänden zusammengefasste Novellen dieses Genres u.a. im renommierten Stuttgarter Verlag Robert Lutz erschienen, mit sechs bis acht Auflagen, auch noch über den Tod des Autors hinaus bis in die 1920er Jahre.[48] Dabei finden sich seine Bücher neben denen eines Edgar Allan Poe oder Arthur Conan Doyle, der in der selben Reihe von ›Lutz' Kriminal-und Detektivromane‹ erstmals in Deutschland veröffentlicht wurde. »*Es sei [...] auf die Sammlung ›Lutz' Kriminal- und Detektiv-Romane‹ hingewiesen, die nur wirklich Gutes bringt und alles Minderwertige unbedingt verwirft.*« Und dazu gehören u.a. auch »*die vorzüglichen Romane von [...] Dietrich Theden*«.[49] Nun bewies der Stuttgarter Verlag Lutz überhaupt seit Jahren schon einen guten Riecher, wenn es um die Einführung von Publikumsmagneten ging. Zuvor schon hatte er sich die Übersetzungsrechte für die Werke Mark Twains gesichert, die dann, neben denen Poes, über die Jahre in Deutschland prägend für amerikanische Literatur sein sollten. Theden befand sich mit seinen Werken somit in guter Gesellschaft.

Ab 1905 verstummte Theden scheinbar. Neue Novellen erschienen nicht mehr. Einzig ein weiterer Sammelband zuvor schon veröffentlichter Erzählungen und ein zuvor in einer Zeitschrift abgedruckter Roman wurden publiziert. Forderte fortan doch ein neues Großprojekt die gesamte Schaffenskraft und Arbeitszeit. Der Paul List Verlag hatte im Januar zum bevorstehenden 80. Geburtstag des ehemals berühmten Amerikareisenden und Schriftstellers Balduin Möllhausen (*1825 †1905) eine Werkausgabe angekündigt. Allein schon die Ankündigung soll den Jubilar nachweislich erfreute haben.[50] Als Herausgeber und Bearbeiter gelang es dem Verleger, Dietrich Theden zu gewinnen, der Jahre zuvor große Beachtung mit der Neuherausgabe der Werke Friedrich Gerstäckers erfahren hatte. Die erste, 10-bändigen Serie von ›Balduin Möllhausen, Illustrierte Romane, Reisen und Abenteuer‹ erschien dann im Zeitraum 1906 bis 1908.

Jede Kulturtat trägt ihren Lohn in sich. Aber ein Volk ehrt sich selbst, wenn es auch seine Dankesschuld nicht vergißt. Mein Dankesrecht und meine Dankespflicht steigern sich für den Begründer der Reclambibliothek zu warmer Dankesfreudigkeit.
 Berlin, den 9. Mai 1908.
 Dietrich Theden[51]

Thedens letzte überlieferte Äußerung galt dem Leipziger Verleger Hans-Heinrich Reclam, dessen Verlag alle namhaften Literaten schriftlich um eine kleine Stellungnahme zum Jubiläum des Erscheinens des 5000. Bandes der ›Universalbibliothek‹ gebeten hatte. Reclam selbst wusste, was er an dem Schriftsteller und Herausgeber hatte. Nachdem Alfred Hauschilds Verlag und damit die Verlagserzeugnisse durch Reclam übernommen wurden, entwickelte sich Thedens seinerzeit zusammengestellte Sammlung ›*Im Zauber der Dichtung. Ausgewählte Liederblüthen*‹ über die Jahre zu einem gefragten Band, der mehrmals und in unterschiedlichen Einbandvarianten neu aufgelegt wurde.

Anscheinend hatte der schon länger kränkliche, an Tuberkulose leidende Literat, sich mit der Bearbeitung der zahlreichen Möllhausen-Bände zu viel zugemutet. Immerhin hatte der Junggeselle sich so viel Honorar erarbeitet, dass ein längerer Aufenthalt in einem geeigneteren Klima möglich wurde, als in einer der Berliner Mietskasernen.

Eine aufstrebende Tourismusregion der Zeit und schon bevorzugt besucht von besser situierten Personen mit Lungenleiden, speziell der Tuberkulose, war Funchal auf Madeira.[52] Zudem war die Insel regelmäßiger Zwischenstopp für die Schiffe der Hamburger HAPAG-Linie auf deren Weg nach Südamerika. Auch Dietrich Theden nutzte diese Verbindung und fuhr mit dem nur wenige Wochen zuvor auf der Kieler Germaniawerft vom Stapel gelaufenen Dampfer ›Ypiranga‹. Die Jungfernfahrt begann am 18. August 1908 in Hamburg. Nach Zwischenstopps in Leixões und Lissabon legte das Schiff am 23. in Funchal an. Einen Tag später vermeldete das Funchaler Tageblatt ›Diário de Notícitas‹ das Eintreffen des deutschen Schiffes und listete als einen der Passagiere einen »*Mr. Mc. [od. Me.] Teden*«[53] auf.

Zeitgenössische Abbildung der ›Ypiranga‹, 8103 BRT und ausgelegt für 136 Passagiere der 1. Klasse, 126 der II. Klasse und 1049 Passagiere im Zwischendeck.

Bestehen zunächst durchaus noch Zweifel über die Identität, so ändert sich das ab Januar 1909 endgültig. Ob in der regionalen Zeitung ›Heraldo da Madeira‹ oder der örtlichen Funchaler Zeitung, immer wieder tauchte zwischen dem 11. Januar und 26. April 1909 ein »*Herr Dietrich*« dann auch der richtige Namen »*Herr Dietrich Theden*« auf. So ist u.a am 1. Februar 1909 der »Lista dos Estrangeiros« im ›Diário de Notícitas‹[54] zu entnehmen, dass in der Pension ›Quisisana‹ der »*Herr Chefredarteur [sic] Dietrich Theden*« untergebracht sei. Da er als Erster in den Listen als Gast der Pension geführt wurde, wird er sie nach der Sommerpause 1908 auch als erster Gast aufgesucht haben. Was einmal mehr zu dem Eintreffen Thedens im August 1908 spricht. Ab Mai 1909 werden zunächst – wohl mangels Sommergäste – keine Listen mehr in den Zeitungen abgedruckt. Jedoch blieb Dietrich Theden auch weiterhin Gast der genannten Pension.

Blick auf Funchal um 1900.

In nahezu allen Reiseführern und zahlreichen Zeitschriften wird diese außerhalb der Stadt, mehrere Hundert Meter oberhalb Funchals gelegene »*Deutsche Pension Quisisana*«[55] als empfehlenswerte Unterkunft genannt, allerdings fehlte hin und wieder nicht der Hinweis, dass es sich bei einem Übernachtungspreis von 10 Mark nicht gerade um eine preiswerte Pension handele. Und noch etwas wurde gesondert vermerkt: es gäbe dort »*zwar sehr schöne und bequem eingerichtete Zimmer mit Balkons, doch die ganze Einrichtung ist mehr für Gesunde als für Kranke bestimmt [...] und auch die Küche ist für Kranke wenig geeignet.*«[56]

Dietrich Thedens Aufenthalt auf Madeira erfolgte allerdings zu spät. Eine Besserung seiner angeschlagenen Gesundheit trat nicht mehr ein; im Gegenteil: Am 21. November verstarb er in seiner Pension. Die Totenliste der örtlichen Zeitung hielt ein paar Tage später sachlich fest: »*Dierich [sic!] Theden, 52 Jahre, ledig, Eltern unbekannt, verstorben an Lungentuberkulose, Hotel Quisisana.*«[57] Die Beerdigung selbst folgte am Montag dem 23. November auf dem inzwischen aufgelösten und zum Stadtpark ›Santa Catarina‹ umgewandelten Friedhof ›Angustias‹ im Grab Nr. 440.

Da überdurchschnittlich viele Werke Thedens ihren Vorabdruck in österreichischen Zeitungen erfahren hatten, verwundert sein Bekanntheitsgrad dort nicht. So berichtete als eine der Ersten, am 24. November 1909, die größte und renommierteste deutschsprachige Tageszeitung Böhmens, das ›Prager Tagblatt‹: »*Dietrich Theden, der verdienstvolle Schriftsteller, ist im Alter von 52 Jahren einem langen Leiden, das er in dem milden Klima von Madeira zu beheben hoffte, erlegen.*«

Weitere Zeitungen und Zeitschriften vermeldeten in den folgenden Tagen und Wochen das Ableben des

›Prager Tagblatt‹, 24. November 1909.

bekannten Literaten. Allerdings ging es oftmals bei Angabe von Todestag und -ort drunter und drüber. Meist wurde Berlin als Todesort genannt und der Todestag weggelassen oder auch falsch angegeben. Spätere Bibliografen umgingen dieses in ihren Veröffentlichungen, indem einfach nur auf den Monat November als Todeszeitpunkt verwiesen wurde.

›Illustrirte Zeitung‹, 2. Dezember 1909, mit der fälschlichen Angabe von Berlin als Todesort und dem Tag des Begräbnisses als Todestag.

Der Autor und sein eigentliches Werk

Neben dem fein geschulten Pädagogen, dem Herausgeber und Verfasser von Kinder- und Jugenderzählungen, dem Werkbearbeiter Friedrich Gerstäckers und Balduin Möllhausens brillierte Theden vor allem aber als Autor psychologisch und spannend durchkomponierter Beziehungs- und Kriminalgeschichten.

Seine Werke, Romane wie Novellen, sind zum einen dem Bürgerlichen Realismus verhaftet, bei dem Autoren vermehrt Geschichten in der ihnen vertrauten, lokalen Heimat mit der dazugehörenden Landschaft bevorzugen und große gesellschaftspolitische Probleme meiden. Auch dass das Gute letztlich siegt, ist eines der Kriterien. Doch auch ein Teil Naturalismus findet sich in seinen Romanen und Novellen, wenn er die Umgangssprache der einfachen Bevölkerungsschichten in seine Literatur einführte, um somit ein soziales Milieu kenntlich zu machen oder die gleichfalls dazu genutzte detailreiche Beschreibung von Räumen und Landschaften. Und vor allem, wenn Theden die tragischen Figuren aufs Papier bannte, hatte er die reine Unterhaltungsliteratur hinter sich gelassen.

Immer wieder einmal wird auch darauf verwiesen, dass es sich nicht nur um rätselhafte und spannende Erzählungen handelt, sondern auch um Geschichten, die sich darin auszeichnen, dass sie »*full of the interesting sociological detail*«[58] sind. Zu dieser Art soziologischer Details gehört einerseits dem nicht mit der norddeutschen Kultur Vertrauten die Benutzung eines Rummelpotts zu verdeutlichen oder die Herstellung eines steifen Grogs aufzuzeigen. Auch das Benutzen des Idioms des einfachen Volkes gehört dazu. Im vorliegenden Fall der Rückgriff auf das Plattdeutsche sowie beim Hochdeutschen das Annähern der Schriftsprache an die Umgangssprach innerhalb der wörtlichen Rede, das »Verschleifen« von Vokalen und Endungen.

Theden selbst gilt mit seinen Geschichten als einer der Ersten, der die Polizeiarbeit, die Ermittlungstätigkeit auch hinter den Kulissen, die Arbeit der Gerichte, der Mediziner und Kriminaltechniker als Stilmittel nutzte. Und ein für das Genre später typisches Stilmittel: Dem Leser schon bekannte Figuren tauchen immer wieder einmal auf: so der Wankendorfer Sägewerksbesitzer Blunck, Kommissar »*Schott*« oder der Bornhöveder Arzt »*Dr. Berg*«, der in mehreren Erzählungen zur Leichenvisitation hinzugezogen wird. Die berühmte Frage an der Leiche, wie wir sie im Fernsehklassiker ›Tatort‹ sonntäglich wiederfinden, wann der Tod denn eingetreten sei, in Thedens Erzählungen finden wir sie in seiner bis heute verwendeten Form klassisch aufbereitet:

Der Amtsrichter begann nach kurzem Zögern mit Fragen.
»Wann ist vermutlich der Tod eingetreten?«
»Vor sieben bis acht Stunden,« erwiderte der Arzt.
Der Richter zog die Uhr. Sie zeigte auf die neunte Stunde.
»Also zwischen ein und zwei Uhr?«
»Bestimmt.«
»Was glauben Sie, von wo der Schuß abgegeben wurde?«[59]

Und was die kriminaltechnische Untersuchung um 1902 schon zu leisten imstande war, zeigt die Novelle ›*Aus dem Gleise*‹, in dem der durch die Polizei hinzugezogene Sachverständige den Mord eines Wilderers an einem Förster klären konnte. Zwar war am Tatort ein Stofffetzen aufgefunden worden, doch beim mutmaßlichen Täter anscheinend kein defektes Kleidungsstück, doch beim genaueren nachforschen gab es eine Manipulation an einem Futterstoff:

Er wies auf die gleiche Qualität des Stoffes hin und führte durch den Augenschein wie durch fotografische Aufnahmen den Nachweis, dass die durch die Schere unregelmäßig gekerbte Schnittlinie einer Seite des Fetzens genau an einer Stelle in dem Futterausschnitt des Rockes sich anschloss. Schien hier schon ein bloßer Zufall unmöglich, so erregte die weitere Beweisführung geradezu eine Überraschung. Zwei stark vergrößerte fotografische Aufnahmen zeigten einen dunklen Strich, der sich gleichmäßig durch den Futterstoff und den Fetzen zog. Der Gutachter fügte beide Fotografien mit den Schnittlinien der Stoffe aneinander, und die Striche schlossen sich zu einem Einzigen.

»Was dem bloßen Auge nicht sichtbar war,« erklärte der Sachverständige, »hat die Fotografie erkennbar gemacht: einen Webfehler, eine winzige Verdickung des Stoffes durch einen Doppelfaden, der die Zusammengehörigkeit der beiden Stücke absolut und sonnenklar darlegt.«[60]

Auch die Beschreibung einer Personen-Observierung in einer Großstadt zeigt in vorbildlicher Weise folgende Episode. Bei der Verfolgung dabei ist ein in Berlin lebender Bekannter des beteiligten Kriminalpolizisten, ein Schriftsteller und somit Alter Ego des Autors:

In der Fuhlentwiete sprangen wir in eine Droschke, ließen diese in die Wexstraße zurückkehren und in Entfernung von sechs oder sieben Häusern von Nummer dreizehn so halten, dass wir das Gefährt des Fräuleins Assen hinreichend beobachten konnten.

Ich hatte nicht bemerkt, dass unser Kutscher besonders instruiert worden wäre, wie es doch notwendig erschien, und erinnerte den Kommissar Schott daran.

Einen Augenblick flog ein Lächeln der Belustigung über sein schargeschnittenes, hageres Gesicht.

»Nicht nötig,« sagte er dann ruhig. Und nach kurzem Besinnen ergänzend: »Ah so, verzeihen Sie: einer der Unseren.«

»Ah so,« wiederholte ich unwillkürlich.

Eine knappe halbe Stunde mochte vergangen sein, als unser Wagen sich in Bewegung setzte und, bald in schärferes Tempo übergehend, in der Richtung auf St. Pauli dem Taxameter des Fräuleins Assen folgte. Nach einigen Minuten hielt er wieder, der Kutscher trat an den Schlag und meldete lakonisch: »Central-Theater.«

Schott stieg aus.

Fünf Minuten des Wartens.

Dann kam der Kommissar wieder, und der Wagen rollte den eben gekommenen Weg zurück.

»Hat sich Billett zu heute Abend gelöst,« berichtete Schott etwas spöttisch. »Ich auch. Dritter Rang. Sie ersten. Das Geld täte mir leid. Über Hunderttausende verfügen wir ja auch nicht.«

Aus seinem Spott ging hervor, dass er in der Lösung des Billetts nichts als eine Finte sah.

Nach längerer Fahrt sah ich aus dem Fenster, um mich über die Gegend zu orientieren. Große Bleichen! – dann Jungfernstieg. Vor einem großen Damenmodegeschäft hielt Fräulein Assens Wagen abermals, während der unsere bis in die Nähe des Hamburger Hofes weiterfuhr.

Eine lange Geduldsprobe. Über eine Stunde standen wir unter dem Eingang des Hotels, dessen Portier den heimischen Kriminalbeamten kennen mochte und sich nicht um uns kümmerte. Grau in grau der Himmel; in dichte, graue, öde Regenschleier gehüllt die Binnenalster. In dem Regendunst verschwimmend, kaum zu erkennen die Lombardbrücke. Grämig, trostlos jenseits des Fahrdamms der Alsterpavillon. Die wenigen Passanten mit aufgekrempelten Hosen, gerafften Kleidern, triefenden Schirmdächern. Ein paar kurzröckige Vierländerinnen mit wahren Ungetümen von Regenschirmen.

»S–s–s–s–t! –« von unserem Kutscher.

Unter dem Anschein, als verließen wir eben das Hotel, stiegen wir wieder ein. Der Taxameter rollte rasch an uns vorüber.

Gänsemarkt. Dammtorstraße ... Dort drüben das Hotel garni. Der Taxameter hielt nicht ... Holstentor. Wieder St. Pauli. Durch wagengefüllte Straßen Altonas. Dann Ottensen. Darauf Chaussee nach Bahrenfeld.

Unser Kutscher hielt an einem Eckhause mit großem Laden. »Fahrradhandlung von J. D. Uckensen,« las ich.

»Sind Sie Radfahrer, meine Herren?«

Ich bejahte. Pacht: »Nein.«

»Das tut mir Leid, Herr Kollege. Aber der Wagen muss jetzt außer Sicht bleiben. Wir auch. In zehn Minuten setzen wir auf Rädern nach. Sie folgen dann bequem.« Zu dem kutschierenden Beamten: »Villa van Steen wird schon richtig sein.«

Schott legitimierte sich in dem Laden. Wir erhielten gute Rover und setzten hinter dem Taxameter her, der durch eine Biegung der Chaussee unseren Blicken entzogen war und einen guten Vorsprung gewonnen haben musste.

»Dieses verdammte Radfexeln!« brummte Herr von Pach noch im letzten Augenblick missmutig. Als wir *uns an der Straßenbiegung umsahen, folgte der Wagen gemächlich.*

Der Regen peitschte uns ins Gesicht, dass wir kaum zu sehen vermochten. Die Räder gingen auf der glitschigen Chaussee mit eigentümlich zischendem Geräusch, der Schmutz spritzte oft hoch auf. Wir fuhren angestrengt, kein Wort kam über die Lippen. Dicht vor Bahrenfeld erschien der Taxameter wieder in Sicht. Wir näherten uns rasch. Einige Hundert Meter vor uns bog er in eine Seitenstraße ein. Wir sausten heran. »Vorüberfahren! Nicht hinsehen!« stieß der Kommissar rasch hervor. Wir hielten erst Minuten später, längst außer Sehweite.

»Absteigen –,« vor einem kleinen Restaurant.

Wir stellten die Räder ein und tranken einen Schnitt. Gleich auf dem Rückwege deutete Schott auf die Entscheidung:

»Jetzt gilt es! Als ich den Weg hierher nehmen sah, ahnte ich auch das Ziel. Weiß der Kuckuck, wie der Unterschlupf den Leuten bekannt geworden ist ... Haben Sie schon die Verhaftung eines gemeingefährlichen Verbrechers mitgemacht?«[61]

*

Als Klassiker unter Thedens Kriminalnovellen gilt unzweifelhaft ›Das lange Wunder‹, das unter dem Titel ›Christian Lahusens's Baron‹ auch in den USA erschien.[62] Die diesmal nicht aufgelöste und zu keinem guten Ende geführte Geschichte trägt sich in dem imaginären Kirchspielort »Brügghofen« zu, der an der Eisenbahnlinie zwischen Neumünster und Kiel sowie an einem See liegt. Die Wahrscheinlichkeit, dass es sich hierbei um Bordesholm handelt, ist groß, lag der Bahnhof doch auf der Brügger Feldmark. Ein reicher Gastwirt und Obsthändler wird durch einen Hochstapler ausgenommen und flieht mit Bargeld und Wechseln. Kurz darauf, noch bevor der Betrogene zur Polizei gehen kann, taucht ein angeblich dem Täter schon länger auf der Spur befindlicher Polizeibeamter auf und wiegt den Betrogenen mit seiner umsichtig erscheinenden Ermittlungstätigkeit in Sicherheit. Von einem Aufsuchen der Behörde nimmt das Opfer somit Abstand. Tage später stellt sich allerdings heraus, das es sich bei Letzterem um einen Komplizen gehandelt hatte. Die Täter hatten sich einen zeitlichen Vorsprung gesichert und in der Zwischenzeit alle Konten des Gastwirts in Ruhe leergeräumt.

Das lange Wunder
und andere Kriminalgeschichten

Von Dietrich Theden

Alle Rechte, insbesondere das Ueberjetzungsrecht vorbehalten

Sechste Auflage

Verlag von Robert Lutz in Stuttgart

Titelei der nach dem Tode Thedens erschienenen 6. Auflage des Sammelbandes.

Holsteiner Erzählungen

Es gibt noch eine weitere Seite zu entdecken: Da ist ein Autor, ein Norddeutscher, der auch in der Fremde, in seinem eigenen schöpferischen Wirken, nicht von der Region seiner Geburt loskam. Das es sich bei seiner Person eigentlich um einen schleswig-holsteinischen Schriftsteller handelt, ist in Norddeutschland allerdings nahezu unbekannt geblieben. Schon seine ersten eigenen verstreut in Zeitschriften veröffentlichten Erzählungen, später unter dem Titel ›*Im Banne der Leidenschaft*‹ (Berlin 1894) in Buchform zusammengefasst, zeigen ihn auch als eine Art »Heimatschriftsteller«. Eine Erkenntnis, die in Schleswig-Holstein nur von Wenigen wahrgenommen, im Süden aber gerade als eine seiner literarischen Stärken erfasst wurde. Die Erzählungen »*behandeln meist stark dramatische Stoffe und spielen ausnahmslose in der schleswig-holsteinischen Heimath des Erzählers.*«[63] Dabei erhält der Leser ganz Nebenbei einen Einblick in das einfache Leben auf dem Land zur damaligen Zeit. Und noch etwas: »*Ein Vorzug seines Schaffens, der überall deutlich zutage tritt, ist die Sicherheit in der Naturschilderung; seine Bilder [...] sind voll poetischer Reize und lassen die Züge eines gemütvollen Beobachters erkennen.*«[64] Zahlreiche seiner späteren Romane und epischen Erzählungen sind mit ihrer Handlung in Schleswig-Holstein verwurzelt. So spielt ›*Der Friesenpastor*‹ (1898) in einem Dorf »*Holby*« nahe Emmelsbüll in Nordfriesland wie auch ›*Um deutsche Art*‹ (1906) ebenfalls im Nordfriesischen. Doch zu einem großen Teil spielen Romane wie Novellen oder Teile davon im Kreis Plön, wie in dem großen Kriminalroman ›*Ein Verteidiger*‹.

Doktor Fritz Bendring schritt von der Schwiddeldei

an den Plöner See, atmete behaglich die frische, würzige Morgenluft ein und blickte leuchtenden Auges um sich.

Wie erquickend so ein Frühmorgen in Gottes freier Welt!

Wie ein Hauch des Schöpfers das leise Rauschen in den Bäumen, wie ein Gruß aus einer anderen Welt der Frieden im Waldgrün, ein Silbermärchen der spiegelnde See – und ein Winken und Umfangen aus Walddunkel und Seetiefe, mystisch und freudig wie Poesie.

Wald und See – der norddeutsche Wald mit seinem Träumen unter Eichen und Buchen, und der norddeutsche Landsee mit seinen klaren, quellfrischen Fluten – ja, sie waren es, die einen nie versagenden Zauber auf ihn ausübten, die ihn Sommer für Sommer zu sich zogen und in diesen Wochen ihn Spannkraft und Freudigkeit sammeln ließen für das ganze lange Jahr. [...]

Der langjährige Gast hatte sich zwei Zimmer im ersten Stockwerk des Hotels selbst möblieren lassen. Sie wurden von Christian Hansen und seiner würdi-

Gasthaus Schwiddeldei bei Gut Ascheberg. Postkarte von 1904.

gen Ehehälfte eifersüchtig gehütet und blieben selbst dann unerbittlich geschlossen, wenn einmal ein Fremdenstrom die Schwiddeldei vorübergehend überflutete und das halbe hundert Räume des weitläufigen Gebäudes drangvoll überfüllte. Sie wurden gelüftet, gescheuert, tagelang geputzt, wenn das sehnlich erwartete Telegramm eingetroffen war, und im Bootshause hämmerte und pinselte zugleich der alte Fischer Kietz an der ›Prinzeß Charlotte‹ herum, daß ihm der Schweiß in hellen Tropfen auf dem runzligen Gesicht stand.[65]

Wie ein Idyll beginnt der Roman. Der Rechtsanwalt »*Bendring*« ist mit seiner Braut auf Erholungsurlaub am Plöner See, in Schwiddeldei bei Gut Ascheberg abgestiegen. Doch der Zauber der beschriebenen Landschaft und der Menschen mit ihren Marotten währt nur allzu kurz. Von einem Ruderausflug zurückkommend findet Bendring seine Braut tödlich verletzt vor; ein Mordanschlag hatte stattgefunden. Er reagiert schnell: Kaum ist der Tatort abgesperrt, werden der Plöner »*Kreisphysikus*« und die Staatsanwaltschaft in Kiel antelegrafiert und auch der örtliche Gutsherr und Amtsvorsteher »*Graf von Borndorff*« wird informiert. Die reale Person hinter dieser Figur war der damalige Besitzer des Gutes Ascheberg, Konrad Graf von Brockdorff-Ahlefeld, zu dessen Besitz Schwiddeldei gehörte. Der ist dann auch in der Erzählung einer der Ersten am Ort des Verbrechens: »*Der alte Schloßherr war im Ganzen kein Freund der Sommerfrischler, die ihm die ländliche Stille zu stören schienen. Er war selbst dem immer wiederkehrenden Anwalt gegenüber nur selten aus seiner kühl-vornehmen Zurückhaltung herausgetreten und hatte höchstens einmal zu dem Besitzer der Schwiddeldei von dem Gaste und der schwindenden Abneigung gegen diesen gesprochen. In der Stunde des*

Unglücks gab sich der Graf nach seiner wahren Natur, taktvoll und einfach, ein diskret, aber warm teilnehmender Mensch.«[66]

Mit der Untersuchung des Falles wird der Kieler Kriminalkommissar »*Wilden*« beauftragt, ein ruhiger, pedantischer, scheinbar etwas umständlicher Mensch, der zunächst natürlich auch »*Bendring*« selbst mit in den Täterkreis einbezieht. Doch er ermittelt ruhig und sachlich in alle Richtungen: »*Wilden machte einen Gang nach dem Bahnhof, fuhr nach Perdoel und Wankendorf und horchte herum.*«[67] »*Bendring*« selbst hat auch einen Verdacht. Da war doch ein ehemaliger Bewunderer seiner Braut, wohl ein Künstler – und somit nach damaligem Geschmack eine zwielichtige Gestalt –, der aus oder bei Löptin herum herkommen soll. So macht er sich dorthin auf und landet schließlich auf dem ›Eichhof‹ bei »*Hinnerk Vermissen*«: »*Der Eichhof hatte seinen Namen von mächtigen Eichenriesen, die den großen Bauernhof von drei Seiten umgaben. Die vierte, nach der Straße gelegene Seite zeigte einen ausgedehnten Garten, dessen zahlreiche Obstbäume schwer mit Früchten beladen waren.*«[68] Der ›Eichhof‹ selbst befindet sich noch heute in Großbarkau und ist seit 1897 im Besitz der Familie Riecken. Der Name »*Vermissen*« ist aber auch nicht weit hergeholt: Genau zwischen Löptin und Großbarkau liegt der Ort Barmissen. Ein schönes Beispiel von der Arbeitsweise eines Schriftstellers, wie er sich von Namen anregen ließ und sie umformte.

Auf dem Bauernhof erhält »*Bendring*« nähere Information über den vermeintlich missratenen Sohn, einen Kunstmaler. Und der Rechtsanwalt macht sich auf, den Mann zu suchen. Es geht durch Deutschland, schließlich ins europäische Ausland. Endlich findet er den Mann. Kurz und gut, der Gesuchte ist nicht der Täter und im Gedenken an die einst gemeinsame Freundin, kommen sich beide näher und werden Freunde. Der Kommissar dagegen hatte inzwischen die Spur einer ehemaligen Freundin der Getöteten und ehemals guten Bekannten »Bendrings« aufgenommen und anhand einiger Indizien schließlich vor das Gericht gebracht. Der Rechtsanwalt selbst kann die Schlüsse, die Polizei und Staatsanwaltschaft aus ihren Untersuchungen folgern, allerdings nicht nachvollziehen und beschließt, der Frau als Verteidiger vor dem Kieler Gericht beizustehen. Dank des geschickten Vorgehens erreicht »Bendring« einen Freispruch, muss aber wenig später erschüttert erkennen, dass er sich geirrt hatte. Die Frau war tatsächlich die Mörderin, war sie doch eifersüchtig auf »Bendrings« Braut. Sie wollte ihn, den von ihr heimlich Geliebten, ganz für sich haben.

Dieser »*Mord am Plöner See*« mag hier als eines der Beispiele stehen, wie die uns bekannten Örtlichkeiten zur Staffage einer durchaus interessant zu lesenden Kriminalgeschichte genutzt wurden. Doch es gibt noch mehr in den Werken Dietrich Thedens zu entdecken.

Lässt Theden in dem Roman keinen Zweifel über die Handlungsorte aufkommen, so erschließt sich das in weiteren Werken erst auf den zweiten Blick. Und hier ist es dann ein tragender Bestandteil der Fabel. Der Literatur- und Regionalforscher kommt ganz auf seine Kosten.

*

Ende 1899 erschien der Krimi ›*Der Advokatenbauer*‹. Es handelte sich um das erste Werk Thedens in der Reihe ›Lutz' Kriminal- und Detektivromane‹ unter der Nummer 21, das schon bald begann, die Leser durch seine spannende Handlung zu erfreuen. So entschied die

Wiener Tageszeitung ›Deutsches Volksblatt‹ ihre Auflage damit attraktiver für die Leser zu gestalten und begann zum Wochenanfang, am 8. Januar 1900, mit dem Fortsetzungsabdruck. Weitere Zeitschriften folgten, so u.a. 1902 der ›Rheinhessische Beobachter‹. Was nicht verwundert, handelt es sich bei dem vorliegenden Werk doch um Thedens wohl ausgereiftesten Roman, hinsichtlich der Konstruktion der Handlung, des gezielten Einsetzens und Nachempfindens der Sprache des einfachen Volkes, des Zeichnens der Figuren. Der Autor selbst befand sich auf der absoluten Höhe seines Schaffens. Und nur folgerichtig entwickelte sich die Buchausgabe über die Jahre zu einem »Longseller«. Unter Berücksichtigung der damals durchschnittlich üblichen Auflagenhöhen wurden bei insgesamt sechs Auflagen, dabei auch noch über den Tod des Autors hinaus, um die 15–20 000 Exemplare gedruckt worden sein.

Es ist die Geschichte zweier ungleicher Brüder und eines Mordes. Der Fall ereignet sich scheinbar in einem imaginären Nirgendwo im Kreis Plön. Doch schauen wir näher hin, ist die Auflösung recht einfach: Der fiktive Ort liegt an der Bahnlinie Neumünster-Ascheberg und ist, von Neumünster kommend, die nächste Bahnstation nach Bokhorst. Und dort befindet sich in der Realität Wankendorf. Dietrich Theden schöpfte in diesem Werk voll aus den Erinnerungen und auch wohl per Brief zugegangenen Nachrichten und lässt panoptikumgleich ihm bekannte Personen erscheinen, mal mehr, mal weniger verfremdet, mal gar unter ihrem richtigen Namen als Handelnde auftretend. So u.a. wenn die Hauptfigur »*Oldekop*«, vom Bahnhof kommend, Frau und Sohn über den schräg gegenüberliegenden Gewerbebetrieb aufklärt: »*›Der Krug hier,‹ erklärte er, ›gehört auch einem Schlüter; ich glaube aber nicht, dass er mit dem Rademacher verwandt ist. Die Schlüter sind in Rei-*

ckendorf so dicht gesät, wie in Hamburg die Meier und Müller. Der hier ist übrigens vielseitig: Gastwirt, Krämer, Braunbierbrauer, Landwirt und Kornhändler. Und im Dorf ein Bruder von ihm: Landwirt, Gastwirt, Krämer und Bäcker.‹«[69]

›Schlüters Gasthof‹ gegenüber dem Wankendorfer Bahnhof mit Speicher (re. vorne) und Mühlenbetrieb (re. hinten), Aufnahme um 1900.

Der Gastwirt und Kornhändler am Bahnhof war in der Tat ein Schlüter: Hans Hinrich Schlüter, ehemals Halbhufner in der Dorfstraße, errichtete am Wankendorfer Bahnhof 1867 eine Gastwirtschaft nebst Kramladen und Kornhandel. Der Sohn Johann Friedrich Schlüter erweiterte den Betrieb später um eine Mühle und ein Hotel. Ein anderer Sohn dagegen führte die im Ort gelegene Hufenstelle (Dorfstraße Nr. 14) weiter. 1875 gliederte er, der, so wie die Figur »Oldekop« es mitteilt, auch Bäcker war, dem Bauernhof eine Gastwirtschaft an, die noch heute besteht. Und weiter geht es: »›Der Holzplatz rechter Hand – na, die Firma Martin Blank *und Sohn steht ja protzig genug auf dem Riesenschild! Emporkömmlinge, früher nichts, jetzt reich – oder auch nicht.‹«*[70]

Sägewerk J. C. Blunck um 1919.

Wenn vom Holzplatz, und später vom Sägewerk, der Firma »*Blank*« die Rede ist, dessen Besitzer dann sogar eine kleine tragende Rolle im Werk spielt, so ist das auch nicht weit hergeholt. Nach Fertigstellung der Bahnlinie Neumünster-Ascheberg 1866 siedelte der in Bornhöved ansässige Holzhändler und Zimmermeister Johann Christian Blunck 1869 nach Wankendorf und errichtete einen Zimmereibetrieb mit Holzhandlung und Sägewerk; später kam noch ein vom Sohn Detlev geführtes Baugeschäft hinzu. Einer der Lagerplätze lag direkt linker Hand an den Eisenbahngleisen, wenn man die Schienen in Richtung Dorf überschritt. Gegenüber dem Bauernhof, auf der rechten Seite, errichtete er zunächst eine Villa (Bahnhofstraße Nr.57). Dahinter entstanden ein weiteres Holzlager, der Zimmereibetrieb und das Sägewerk mit eigener Bahnanbindung. Ab 1889 erweiterte der Sohn Detlev Blunck den Betrieb. Beide, Vater wie Sohn, waren durch ihre soziale Einstellung bekannt und setzten sich immer wieder für die Entwicklung des Ortes ein, so auch für den sozialen Wohnungsbau, was sich im Roman nur für den Eingeweihten erschließt. Wenn ›Oldekop‹ über die »*lange Reihe von Katen: die Kolonie der Fabriksklaven*« räsoniert, so spielt hier die von Blunck für seine Arbeiter und deren Familien gebauten beiden Arbeiterkaten an, die von den Alteingesessenen nur ›Langer Jammer‹ genannt wurden (Gelände der Bahnhofstraße Nr.51). Doch auch für die Niederlassung eines Arztes oder später für die Gründung der freiwilligen Feuerwehr und die Stromversorgung setzten sich die Bluncks ein. Mangels Unterstützung durch die Gemeinde bezahlten sie all dies aus der eigenen Tasche. Etwas von der sozialen Einstellung der Bluncks klingt davon noch an, wenn Theden seine Figur den Arbeitern ein Monatsgehalt extra spendieren lässt und vor allem, in der positiven Zeichnung des »*Martin Blank*«.

Auch der zunächst ins Visier der Ermittlung geratene und in der »*Ortschaft Kölling*« lebende Schuhmacher und Wilderer »*Christian Tiedjohann*« ist für den, der mit der Wankendorfer Familiengeschichte vertraut ist, ohne Umschweife zu erkennen. Hier stand der in der Gemarkung Kölling wohnende Landinste und Schuhmacher Christian H. Lütjohann Pate.

Vieles an beschriebenen Örtlichkeiten und Personen würfelte Dietrich Theden mal mehr mal weniger durcheinander. Doch es gibt immer wieder Bezüge zur Realität. Der kurz erwähnte »*Amtsvorsteher von Donner*« tritt völlig unkaschiert als reale Person auf: Es handelt sich um den Bockhorner Gutsbesitzer Bernhard von Donner. Eigentlich Amtsvorsteher des benachbarten Bezirkes Gut Perdoel, leitete er kommissarisch von 1889–1892 auch den Depenauer Gutsbezirk, zu dem Wankendorf damals gehörte. Und wenn wir schon

Depenau nennen, auf dem der »*Gutsherr Böhm kränkelt*«, so ist auch diese Person realer Natur: Es handelt sich um den 1886 psychisch erkrankten Eduard Georg II. Boehme. 1890 wurde das Gut verkauft, nicht wie in der Fiktion von Frau »*Wichbern*« für ihren Schwiegersohn »*Inspektor Bernd zu Löhnau*«, sondern von dem Landwirt Gustav von Löbbecke.

*

1903 erschien ein weiterer Roman, der in der Region spielt: ›Leben um Leben‹. Es ist das umfangreichste Werk des Autors und das ambitionierteste. Enthält es doch auf der einen Seite das gesamte Spektrum des Thedenschen Œvre: Beziehungs-, Liebes- und Kriminalgeschichte. Andererseits verfolgte der Autor mit der Erzählung auch noch einen weiteren Ansatz.

Die Vorgehensweise im Aufbau des Romans ist dabei typisch für Thedens Krimis und sollte schon bald prägend für das gesamte Genre werden. Da ist das Verbrechen und da sind die mühsame Ermittlungsarbeit und die nicht minder aufreibende Arbeit der Richter und Verteidiger. Doch über den reinen Unterhaltungsanspruch hatte Theden mit dieser Veröffentlichung noch ein wesentliches Ziel: Vorschnelles Urteilen kann in die Irre führen. Zeigte er doch, wie man, in Gestalt des Försters »*David Hingst*«, als Außenseiter mit Marotten, der sich um die »political correctnes« nicht kümmert (Jagd auf Störche), der nicht konform des »Mainstream« ist, schnell bei der Bevölkerung ins Gerede kommt und zu einem Menschen abgestempelt wird, dem schon immer alles zuzutrauen sei. Nicht zuletzt im aufgezeigten Gegensatz des seine Voreingenommenheit offen zur Schau stellenden ermittelnden Polizeikommissars und des abwägenden, bedächtigen jüdischen Pfandleihers versucht der Autor, erzieherisch auf den Leser einzuwirken. Dass er dabei den in der damaligen deutschen Literatur sonst abwertend eingesetzten Typ des jüdischen Pfandleihers positiv besetzt, ist ein nicht geringes Verdienst.

Ein weiterer Baustein von Thedens anklingender Kritik ist das Verfahren eines reinen Indizienprozesses, einer der Höhepunkte der Handlung. Der *»Roman zeigt geschickt die Mängel und den trügerischen Charakter des Indizienbeweises«*.[71] Das sich zu seiner Zeit aus solcherart Beweiskette mit dem entsprechenden Urteil durchaus die Todesstrafe ergeben konnte – ein »*noch immer vergebens angefochtenes Gesetz*«[72] –, wird in deren Konsequenz mit Hilfe einiger Protagonisten mehrmals in Frage gestellt. Und das bei entsprechenden Fehlurteilen, die sich dann hinterher als solche erweisen, die Pflicht des Staates zur Unterstützung, zur Entschädigung eingefordert wird, war für die Zeit geradezu revolutionär. Wie überhaupt der Roman noch immer modern daherkommt, im Schreibstil wie in manchen Anklängen, wie z.B. wenn aufgrund von Zeitungsartikel sich Menschen spontan zu einer Demonstration versammeln, sich dabei radikal gebärden und die Polizei kaum Herr der Lage wird.

Noch für ein Letztes versucht der Autor den Leser zu sensibilisieren: Das auch andere, Außenseiter der Gesellschaft, hier in Form eines Geistesschwachen, der wesentlich zur Aufklärung des Mordes beiträgt – wozu die berufene Behörde nicht in der Lage ist –, durchaus Glieder der Gesellschaft seien, »*denn die Gerechtigkeit stellt Kreaturen und Umstände in ihren Dienst, deren Vielartigkeit unerschöpflich ist.*«[73]

Dreh- und Angelpunkt der Handlung ist das fiktive, im Kreis Plön in der Nähe eines großen Moores liegende Gut »*Deepenhagen*« mit dem Sitz des Amtsvorstehers. Allein die Namensgebung erinnert daran, dass es sich hierbei nur um ein Synonym für Gut Depenau handelt, damals auch Sitz des Amtsvorstehers des Gutsbezirks Depenau. Und wie schon im zuvor erschienenen Roman ›Der Advokatenbauer‹ (1901) findet sich in der Fabel dann auch wieder das in der Nähe liegende »Reickendorf«, dieser unmittelbar auf Bokhorst folgende Ort an der Eisenbahnstrecke von Neumünster Ascheberg-Neustadt, mit der zugehörigen Post- und Telegrafenstation, mit der Gastwirtschaft gegenüber dem Bahnhof und dem bedeutenden Sägewerk. So versteckt sich hinter diesem Kunstwort einmal mehr der reale Ort Wankendorf.

In Neumünster wechselte er abermals den Zug, und dann trennte ihn nur noch eine Zwischenstation von dem ersehnten Endziel.

»Bokhorst,« hörte er unterwegs rufen, und er sprang auf und sah hinaus. Ein kleines, unansehnliches Stationsgebäude, unter einer Handvoll von Landleuten der Bahnvorsteher mit der unvermeidlich roten Mütze, ein Postbeamter mit den Briefsäcken, ein eilender Gepäckträger und an einem der offenen Fenster des Bahngebäudes ein gesundes, blühendes blondköpfiges Mädchen – ein altes, vertrautes, seltsam anheimelndes Bild.

Und dann noch Minuten.

Saftig grüner, lauschiger Buchenwald dämpfte eine Weile das flutende Sonnenlicht. Das Stampfen, Rasseln Schrillen und Polter des Zuges bildete eine phantastische Musik, und die weißen Baumstämme schienen im Tanz danach durcheinanderzuwirbeln, bis das grüne Waldland, wie abgerissen, plötzlich aufhörte und der Bahndamm in schnurgerader Richtung durch wogende Kornfelder weiterlief.

Der Assessor bog sich weit aus dem engen Coupéfenster und sah klopfenden Herzens in der Ferne die

Station Reickendorf und seitab das im Baumgrün versteckte Dorf auftauchen.[74]
Theden operierte wieder einmal aus der Erinnerung seiner Jugendzeit. Doch anders als noch im Roman ›Advokatenbauer‹ sind diesmal Personen und Örtlichkeiten meist nur schemenhaft zu erkennen, nur am Rande Teil der Handlung. Das reale Personal und die Geografie sind mehr äußere Staffage vor dem Hintergrund der eigentlichen Handlung. Die psychologische Zeichnung der Personen, die detektivische Feinarbeit und vor allem das Gerichtsverfahren mit dem Vernehmen von Zeugen und was der Staatsanwalt daraus macht, stehen im Vordergrund.

Wenn auch fast alle Figuren romanhafter Natur sind, so ist doch eine der Hauptfiguren historisch verbürgt und tritt sogar fast unter dem realen Namen auf. Schon einmal hatte Theden zuvor die Figur des geistesschwache »*Johann Dose*« benutzt. In der erstmals 1898 erschienenen Erzählung ›Neujahr‹ (›Der Mord vom Brunkamp und andere Geschichten‹) lässt er ihn zu einem Mörder an einer ehemaligen Geliebten werden.[75] In der vorliegenden Erzählung ist es dagegen gerade »*Johann Dose*«, der trotz seines geistigen Defizites den Mörder überführt. Der wahre Johann Doose (*1834 †?) lebte zur Zeit Thedens, wie in dessen Geschichten, im Wankendorfer Armenhaus, allerdings zusammen mit seiner Mutter und wurde von der Kommune wegen Arbeitsunfähigkeit unterstützt. »*Das Reickendorfer Armenhaus war ein langgestreckter, niedriger, schmutziger Fachwerkbau mit kleinen, bleigefaßten, halbblinden Fensteraugen und häßlichem, primitivem Strohdach. Die Front an der Dorfstraße war durch keine Tür unterbrochen; wer das Haus betreten wollte, mußte sich nach der Rückseite bemühen und dort unter etwa zehn Eingängen den richtigen heraussuchen.*«[76]

Ehemaliges Armenhaus nach Privatisierung und Umbau um 1881; Aufnahme aus den 1960er Jahren, Dorfstraße 28.

Um 1850 erbaut, diente das Haus in Wankendorf in der Tat mit seinen zehn kleinen Zimmer-Wohnungen als Armenhaus und Witwensitz und gehörte zum Besitz des Gutes Depenau. Nachdem die Kommunen Depenau, Stolpe und Wankendorf einen Neubau als Alten- und Pflegeheim in Stolpe (›Wankendorfer Straße‹ Nr.14) beschlossen hatten, kauften 1881 zwei Cousins das Gebäude und gestalteten es von einem Fachwerkhaus zu einem Zweifamilienhaus einschließlich zweier Dachausbauten um. Dank Thedens Beschreibung besitzt der Regionalhistoriker nun eine Momentaufnahe des Gebäudes, wenn auch literarischer Art, von innen und außen vor dem Umbau.

*

Im selben Jahr 1903, in dem ›*Leben um Leben*‹ erschien, wurde auch der Roman ›*Die Zweite Buße*‹ veröffentlicht. Und wieder ist das Gut Depenau diesmal in Gestalt des Gutes »*Timmhusen*« Dreh- und Angelpunkt. In dieser Geschichte geht es nicht um einen Mord, sondern um eine gescheiterte Beziehung, um einen aufsässigen Arbeiter, um einen Brandanschlag, um Schuld und Vergebung.

Da ist das Gut »*Timmhusen bei Reickendorf*«, auf dem der ehemalige Offizier »*Graf Christian von Luckner*« ein strenges Regiment führt: »*Das Herrenhaus befand sich, als Graf Christian die Uniform auszog und das väterliche Erbe übernahm, in einem ziemlich verwahrlosten Zustande, dem abzuhelfen des Grafen sehnlichster Wunsch war. Aber der Wunsch blieb einstweilen unerfüllbar, denn der Vorgänger, Graf Heinrich von Luckner, hatte das Gut mit Hypotheken überladen und zugleich auf einem wirtschaftlichen Tiefstande hinterlassen, der den Erben vor einen fast aussichtslosen Kampf stellte. Zu allem Unglück hatte der Rittmeister, der mit Passion Soldat gewesen war, sich nie recht um die Landwirtschaft gekümmert und sollte nun plötzlich eine Aufgabe lösen, der er nicht nur nicht gewachsen war, sondern die er auch nicht einmal in ihren Einzelheiten und in ihrer Tragweite zu übersehen vermochte. Er kehrte Potsdam den Rücken und nistete sich resigniert in dem verfallenen Schlosse ein, aber er wußte nicht ein noch aus und erkannte zu seinem Schrecken bald, daß er nicht einmal imstande sein würde, den alten Sitz seiner Vorfahren auf die Dauer auch nur zu behaupten. Er war sogar schon mit einem der drängendsten Gläubiger in Verkaufsverhandlungen getreten, als sich ihm unerwartet in letzter Stunde eine rettende Hand darbot, in die er natürlich freudig einschlug.*«[77] Er lernt den liberalen Verwalter »*Herbrinck*« kennen, der sich mit den Menschen auf dem Gut versteht, sie zu nehmen weiß, ihren Ehrgeiz wieder weckt und so die Wirtschaft wieder anzukurbeln versteht. Bei dem Namen Luckner werden wir dann allerdings hellhöriger. Zwar spielt die vorliegende Geschichte nachweislich in den 1870er Jahren; aber waren nicht die Grafen Nikolaus Luckner (1722–1794), Ferdinand (1762–1815) und Adam Ferdinand Besitzer auf Gut Depenau gewesen?[78] Und wenn wir von einem passionierten Soldaten, einem Rittmeister lesen, der seinen Dienst quittierte und sich fortan seinem hoch verschuldeten und heruntergewirtschafteten Besitz widmete, so spiegelt sich darin die Person Joachim von Brockdorffs (1643–1719) wider, ehemals Oberst a.D. Unter seinem harten, menschenverachtenden Regiment war es gar zu mehreren Aufständen der Leibeigenen im Gutsbezirk Depenau gekommen. Tote und Verletzte bezeugen noch heute die Akten.[79] Ihm stand, im Gegensatz zur literarischen Figur, kein gütiger Verwalter zur Seite.

»Ueberstunden haben in dieser Woche noch gehabt – –«

Herbrinck las noch eine Reihe von Namen vor.

»Die alle –?«

»Bis zu zwei Mark.«

»Das sind wohl alles Dragonerväter?« witzelte der Graf. »Auch rot, wie der Suhr?« trumpfte er.

»Seine politischen Anschauungen mögen verworren sein, im übrigen hat der Mann einen guten Kern und gibt zu Beschwerden keinen Anlaß.«

»Nicht? Und verhetzt die anderen auch nicht?«

»Nein. Das besorgen Sie leider selbst, Herr Graf.«

Luckner schob seinen Sessel mit einem Ruck zurück.

»Nu wird's Tag!« polterte er. »Ich – ich –? Ich werde doch wohl noch zeigen dürfen, wer auf Timmhusen der Herr ist?«

»Ja, aber nicht mit der Reitpeitsche.«

»Ah, so läuft der Hase? Nicht mal so einem dummen achtjährigen Bengel soll man eins überziehen dürfen,

wenn er auf dem Miste Maulaffen feil hält, statt aufzuladen? Dem werde ich noch anders kommen!«

»Das werden Sie besser nicht tun. – Den Krämer Lüttjohann haben Sie angezeigt, weil er den Leuten Schnaps verkauft hat –«

»Gewiß, und mit Fug!«

»Nein, leider nicht. Sollen die Leute die Stunde weit nach Reickendorf laufen, wenn ihnen der Krämer so viel näher wohnt?«

Reickendorf war das nächste größere Dorf. »Meinetwegen bis nach Buxtehude –«

»Es ist unbillig. Die Leute sind abends müde,« mahnte der Verwalter, ohne auf das protestierende Kopfschütteln des Grafen weiter zu achten. *– »Den Meiereimädchen haben Sie am zweiten Weihnachtsfeiertage die Erlaubnis versagt, nach dem ›Pfeifenkopf‹ zum Tanz zu gehen –«*

»Ich will keine Herumtreiberinnen!«

»Wie oft wird den Mädchen ein solches Vergnügen geboten? Dreimal im Jahr. An den zweiten Feiertagen von Ostern, Pfingsten und Weihnachten.«

»O, zum Jahrmarkt, zum Erntefest –«

»Gut. Ist das zu viel? Die Jugend soll nicht versauern. Fahren Sie nicht mit den Komtessen zuweilen nach Kiel oder Hamburg, um ein Theater zu besuchen? Das können die Mägde nicht, wünschen sie vielleicht auch kaum. Die Anregung, die ihrer Art mehr zusagt, ist der einfache Tanz, den sie verstehen, bei dem sie lachen und das junge Blut rascher kreisen lassen können.«

»Sehen Sie, das Blut erhitzen – das sagen Sie selbst!«

»Einmal frisch gejubelt, und die Arbeit geht noch mal so leicht –«

»Verschwiemelt werden sie danach. Immer wieder juchzen wollen sie, heidi, hopsasa – kennen wir. Noch was –?«[80]

*

Neben manchen seiner Romane bieten Thedens Novellen viel Lokalkolorit. Nicht nur Berlin und Hamburg, die er persönlich kannte, da er längere Zeit dort gearbeitet hatte, sind z.B. Handlungsorte einer der großartigen Kriminalerzählungen (›*Auf der Flucht*‹).[81]

Vor allem aber tauchen immer wieder Örtlichkeiten und Personen aus dem ihm noch von seiner Jugendzeit her bekannten Wankendorf und dessen Umgebung auf. Das Wissen, das einmal Erlebte, das Gesehene und Gehörte wird – wie in den Romanen so auch in vielen der Novellen – als großer literarischer Steinbruch, als literarische Folie genutzt. Das kann hier nur in Ansätzen angedeutet werden.

Wenig Rätsel geben die benutzten Synonyme »*Gut Tiefenau*« für Depenau und »*Gut Padöhl*« für Gut Perdoel auf, wie sie in der Mordgeschichte ›*Wer wirft den ersten Stein?*‹ auftauchen. Und wenn in dieser Erzählung das Herrenhaus des Gutes mit seinen 99 Zimmern Erwähnung findet, so spiegelt sich darin der 1800 auf Perdoel vom Architekten C. F. Hansen errichtete Bau. Behauptete der Volksmund, dass es im 100. Zimmer spuke, und somit offiziell nur von 99 Zimmern gesprochen werden dürfe, liefert Theden in seiner Erzählung eine andere Version hierfür: »*[...] weil es keine hundert haben durfte. Unser Herr wollte es. Aber hundert Stuben hat der König, und der hats nicht erlaubt. Da ist zwischen zwei Stuben die Wand, die schon gebaut war, wieder weggerissen worden, und aus den zweien hat man eine gemacht.*«[82]

Auch ein mysteriöses Haus am Holzsee zwischen Gut Nettelau und Nettelsee macht von sich reden und die Behörden stellen Untersuchungen an.[83] Auf einen Heiratsschwindler fällt die Tochter des Pastors aus dem

Im Kampf mit dem Grabe.

Novelle.

Von

Dietrich Theden.

— Berlin. —

I.

Johann Pries, der betagte Diener der Gutsherrschaft von Depenau, schloß im ersten Stockwerk des altersgrauen Herrenhauses eilig die Fenster. Sein runzliges Gesicht erschien noch faltiger als sonst, und in den blauen, wässerigen Augen spiegelte eine Unruhe, die in dem schwarz und drohend aufsteigenden Gewitter nicht allein begründet sein konnte. Der dicke Läufer auf dem Corridor dämpfte die Schritte des Eilenden zur Lautlosigkeit, trotzdem ging der Alte noch behutsam auf den Zehen und schrak zusammen, als von der Treppe her eine gedämpfte Stimme ihn anrief.

„S—st!" er legte den Finger auf den welken Mund und deutete mit dem Kopfe über die Achsel mahnend nach einer Zimmerthür.

„Hört sie nich," beruhigte der noch auf den obersten Stufen der Treppe stehende junge Mensch, Johanns Neffe, wie dieser Diener der Gutsherrschaft und dem Alten zur Unterstützung zugewiesen. „Is sie all auf?"

Johann verneinte durch ein Kopfschütteln, näherte sich, nachdem er das letzte Fenster geschlossen, der Treppe und fragte kurz: „Na, is was?"

„Der Wagen is eben weg," tuschelte der Jüngere. „Nu noch ein paar Stunden. Dann is er da. Du, Onkel Johann, was is er noch?"

„Wirklicher Geheimer Rath —"

„Un was soll ich zu ihm sagen?"

„Excellenz —"

„Onkel, ich wollte, der kehrte uns erst wieder den Rücken zu —"

„Dummer Bengel, das darf man denken; sagen thut man das nich."

Beginn der u.a. auf Gut Depenau spielenden Erzählung ›Im Kapf mit dem Grabe‹. Erstabdruck: ›Nord und Süd. Eine deutsche Monatsschrift‹. Juni 1898, Heft 255.

Wankendorf benachbarten Bornhöved – im Werk selbst »Höved« – herein,[84] ein als »Sklavenhändler« Verschriehener erwirbt das nördlich von Wankendorf gelegene Gut Löhndorf,[85] und auf den realen Wankendorfer Bauernstellen geht es mit Eifersucht, Zwietracht bis hin zum Mord hoch her: Unter anderem ereignet sich auf dem Hof ›Grüner Jäger‹, Obendorfer Weg Nr.3, fast eine Tragödie (›*'ne Handvoll und'n Sackvoll*‹,)[86] und allein der ›Schimmelhof‹, Bansrader Weg Nr.1, muss dreimal als Handlungsort herhalten; so in den drastischen Novellen ›*Jochen Duggen*‹ und Teile von ›*Dore Drews*‹.[87] Wenn auch im ersten Fall die Lage des Hofes in Richtung der Bauernstelle von Thedens Eltern nach Bansrade verschoben wird, ist im Fall des aufzuklärenden Mordes in ›*Lebend – tot*‹ Fiktion und Realität des Standorts des Hofes deckungsgleich.[88]

Insgesamt verstand es ein Autor, unterhaltende Erzählungen in einen ihm vertrauten historischen Raum einzubetten. Der Leser erhält darüberhinaus Einblicke in eine Welt um die Wende zum 20. Jahrhundert.

*

Modern beginnt auch eine weitere Geschichte. Wie heutigentags Unfall-Gaffer mit ihren Handys Aufnahmen von Opfern machen, so gab es das in etwas einfacherer Form schon damals:

Ein erregendes Gerücht flog durch das Dorf.

Ein Knecht des Schimmelhofbauern war galoppierend durch das Dorf gejagt und hatte den wenigen ihm begegnenden Leuten zugerufen: »Unser Leutnant ist erschossen worden – vorige Nacht!« Dann war er weiter gerast und die Verblüfften hatten ihm halb in Scheu, halb in zweifelndem Staunen nachgesehen. [...]

Der ›Schimmelhof‹ war von der Landstraße durch

ein Staket abgeschlossen, hinter dem sich eine dichte Dornenhecke erhob. Die Gartenpforte war gesperrt. Die Leute stürmten nach der Hofpforte. Auch diese war verriegelt. Einige junge Burschen liefen weiter, kletterten über den am Weg sich hinziehenden, mit Haselsträuchern bestandenen Wall und näherten sich dem Hof von der Feldseite. Aber auch alle Türen waren verschlossen, und niemand konnte ins Haus gelangen.

»Wo ist das Zimmer? – Wo hat der Leutnant geschlafen? – Wo liegt er?« schwirrten die Fragen, und einige Kundige hatten bald das richtige Gemach entdeckt. Dicht drängte sich nun im Garten und auf der Straße die Menge zusammen, Kopf an Kopf, erwartungsvoll, in lautlosem Schweigen. Im Zimmer sah man den Ortsvorsteher Arp sich dem Fenster nähern. Er winkte abwehrend mit der Hand. Doch niemand wich von der Stelle, nur immer fester schloss sich der Knäuel, immer größer wurde die Zahl der Neugierigen.

›Schimmelhof‹ Bandsrader Weg 1, Handlungsort von ›Lebend – tot‹, ›Jochen Duggen‹ und Teile von ›Dore Drews‹; Aufnahme von 2016.

Als der Ortsvorsteher dem Fenster den Rücken wandte, kletterte ein halbwüchsiger Bursche einem andern auf die Schulter und versuchte, einen Blick in das Innere des verhängnisvollen Zimmers zu werfen. Doch im selben Augenblick verließ er wieder seinen erhöhten Standpunkt, denn Arp hatte sein Manöver bemerkt und öffnete das Fenster, um in ruhigem Verhalten zu mahnen. (Beginn der Erzählung ›Lebend – tot‹)[89]

Resumee

Das Werk, das Dietrich Theden uns hinterlassen hat, ist kein Schmales. Mit Auflagen von mehreren Zehntausend Exemplaren je Buch und zahlreichen Vorab- und Nachdruck in Tageszeitungen gehörte er besonders in Ost-, Mittel- und Süddeutschland sowie im Habsburger Reich zu den Vielgelesenen und beliebten Unterhaltungsschriftstellern seiner Zeit. In seiner Geburtsregion dagegen war er so gut wie unbekannt.

Ein Blick auf sein episches Schaffen, auf die Erzählungen und Romane lohnt. Immer wieder tauchen Anspielungen aus Thedens ehemaligen Lebensumfeld, tauchen Orte, Begriffe, Personennamen aus seiner Heimat, seiner Geburtsregion auf.

Aufschlussreich ist dabei die Novelle ›*Verlorene Heimat*‹. Der mit der Biografie des Autors Vertraute entdeckt durchaus Parallelen. Da erfolgt wie bei Dietrich Theden, der nach eigenen Angaben nur noch einmal die Heimat aufgesucht haben will, nach Jahren noch einmal die Rückkehr zur Geburtsstätte. Vom Bahnhof kommend, wandert der Protagonist die noch heute erkennbaren Wege zum ehemaligen elterlichen Hof entlang und denkt dabei über seine Kindheit nach. Man kann sich durchaus vorstellen, dass es dem Autor ähnlich ergangen ist wie »*Johannes Steen*«, als er den in andere Hände gelangten väterlichen Bauernhof und die Stätten seiner Kindheit aufsuchte und ihm manches wieder in den Sinn kam.

»*Der Landweg außerhalb des Dorfes lag in der glühenden Nachmittagssonne still und einsam. Er war zu beiden Seiten durch hohe Erlen- und Buchenknicks eingefriedigt, und das hohe Buschwerk linker Hand bot dem Wanderer einigen Schutz gegen die Sonnen-*

strahlen. Johannes Steen ging, um möglichst vollen Schatten zu erreichen, auf der Grasnarbe des Wegrandes, und er blieb zuweilen stehen, um tief Atem zu holen und sich in ungewollte Betrachtung seiner Umgebung zu versenken. Der lehmige Weg war von den Wagen an einzelnen Stellen tief durchfurcht, der Fußsteig rechts nur dürftig mit Kies überschüttet. Zu beiden Seiten auf dem Grasrand standen Wegerich, Löwenzahn und Mariensternchen. In und über den trockenen Gräben neben den Wällen wucherten Brombeergesträuch und verkrüppelte Himbeerstauden. Aus einem dichten Blättergrün an den Wällen lugte das Purpurrot von Erdbeeren. So war das Bild der holsteinischen Wege unverändert seit Menschengedenken; so hatte er es im Gedächtnis behalte, und so sprach es zu ihm – seltsam vertraut wie in alter, lieber Zeit. Er näherte sich dem elterlichen Hof«.[90]

Obwohl Theden seine Heimat mit jungen Jahren verließ und bis zuletzt in allen biografischen Äußerungen einen Mantel des Schweigens über seine genaue Herkunft ausbreitete, blieb er ihr immer verfallen. So, wie er es in mehr als einer seiner literarischen Figuren anklingen lässt: »*Muß sie denn immer wieder emportauchen, die Heimat, die keine mehr ist für mich? [...] Haftet die Kindheit, haftet ihre Stätte so gewaltig im Gedächtniß, im Herzen, daß sie anzieht, unablässig und unwiderstehlich?*«[91]

Bis zum Ende seines Wirkens als Autor ist erkennbar, dass Dietrich Theden seinen eigenen Erfahrungsschatz auch aus seiner Geburtsregion vor den Augen der Leser ausbreitet. Und so lassen sich Schauplätze, Gutshöfe, Bauernstellen und Landschaften mit seinen Romanen und Erzählungen in der Hand aufspühren und werden plastisch erlebbar.

Bibliografie

Eigene Werke

In der Fremde. Eine Volksgeschichte für Auswanderungslustige. Leipzig 1883.
Führer durch die Jugenliteratur. Hamburg 1883. [2. umgearbeitete und stark vermehrte Auflage unter dem Titel: Die Deutsche Jugendlitteratur. Hamburg 1893].
Für's Kind. Geschichten. Leipzig 1884.
Laßt euch erzählen! Märchen und Geschichten für die Jugend. Leipzig 1888.
Jugendgrüße. Neue Geschichten für die Kinderwelt. Dresden u.a. 1891
Im Banne der Leidenschaft. Dresden u.a. 1894
Auf der Flucht und andere Geschichten. Breslau 1898.
Der Friesenpastor. Stuttgart u.a. 1898.
Frauenliebe. Breslau 1899.
Im Zick-Zack. Ernste und heitere Geschichten. Breslau 1899.
Der Advokatenbauer. Stuttgart 1899.
Ein Verteidiger. Stuttgart 1900.
Herzgold. Dresden 1901.
Neues Novellenbuch. Ernste und heitere Geschichten. Breslau 1901.
Das lange Wunder und andere Kriminalgeschichten. Stuttgart 1902.
Leben um Leben. Berlin 1903.
Die zweite Buße. Stuttgart 1903.
Menschenhasser. Berlin 1904.
Fein gesponnen. Kriminalerzählungen und andere Geschichten. Bonn 1905.
Um deutsche Art. Roman aus der nordfriesischen Strandmarsch. Berlin 1906.
Rätsel der Liebe. Leipzig 1910. [posthum]

Herausgeber und Bearbeiter

Friedrich Jacobs. Alwin und Theodor. Stuttgart 1883.
Friedrich Jacobs. Kleine Erzählungen des alten Pfarrers von Mainau. Stuttgart 1884.
Friedrich Jacobs: Die Feierabende in Mainau. Stuttgart 1884.
Friedrich Gerstäcker. Ausgewählte Werke. 24 Bde. Jena 1889–91.
Im Zauber der Dichtung. Ausgewählte Liederblüthen. Leipzig o.J. [1891, ²1899]
Robert Reinick. Märchen. Stuttgart u.a. 1892.
Wilhelm Hey. Fabeln und Gedichte nebst fünfundfünfzig Sprüchen. Stuttgart u.a. 1893.
Robert Reinick. Lieder und Erzählungen. Stuttgart 1894.
Auf der Höhe. Lust und Leid im Liede. Breslau 1897.
Balduin Möllhausen. Illustrierte Romane, Reisen und Abenteuer. 1. Serie, 10 Bde. Berlin 1906–08.

Anmerkungen

1 Dietrich Theden: Im Zauber der Dichtung, Ausgewählte Liederblüthen. Leipzig o.J. [²1899], S.76.
2 Königlich privilegierte Berlininische Zeitung, Vossische Zeitung, Morgenausgabe 27.11.1909.
3 Reiner Wild [Hrsg.]: Geschichte der deutschen Kinder- und Jugendliteratur. Stuttgart u. Weimar ³2008.
4 Dietrich Theden: Führer durch die Jugendliteratur. Grundsätze zur Beurtheilung der deutschen Jugendlitteratur, Winke für Gründung, Einrichtung und Fortführung einschlägiger Bibliotheken, und Verzeichniß empfehlenswerther Schriften. Hamburg 1883. | Wesentlich erweitert erschien das Werk 10 Jahre später unter dem Titel: Die deutsche Jugendlitteratur. Kritisch und systematisch dargestellt. Grundsätze zur Beurteilung der deutschen Jugendlitteratur, Winke für Gründung, Einrichtung und Fortführung einschlägiger Bibliotheken und Verzeichniß empfehlenswerther Schriften. Ein Handbuch für Eltern, Erzieher und Bibliothekare. Hamburg 1893.
5 Peter Rossegger. Heimgarten. Bd.16. Leykamm 1892, S.239
6 Friedrich Gerstäcker: Ausgewählte Werke. 2. Volks- u. Familienausgabe. Neu durchgesehen und herausgegeben von Dietrich Theden. 24 Bände in 2 Serien zu je 12 Bänden. Jena, 1889–91. | 1910 erschien mit Friedrich Gerstäcker, Gesammelte Weltreiseromane und Erzählungen noch einmal eine 10-bändige Auswahl der Bearbeitungen Thedens.
7 Die Gegenwart. Wochenschrift für Literatur, Kunst und öffentliches Leben. Bd. 35–36. Berlin 1889, S.383. | Die Bearbeitungen erfolgten in zeittypischer Art und Weise, wie sie heutige Literaturforscher und Literaturpuristen bemängeln. »*Theden schlug sich mit einer Machete durch Gerstäckers elegante Prosa, zerbrach seine federnden Satzkon-*

struktionen in lapidare Hauptsätze, stellte um, ließ weg. Praktisch das ganze Werk wurde so zerstört und in hoher Auflage in grellroten Prachtbänden verkauft.« (Matthias Käther: Der vergewaltigte Klassiker. In: Das Blättchen. Wochenschrift für Politik, Kunst und Wirtschaft. 15. Jahrgang, Nummer 6, 19. März 2012.) Allerdings wurde durch Modernisierung der Sprache und Straffung der Autor für ein neues Publikum erst wieder interessant und fand so noch für ein paar Jahrzehnte Beachtung beim Leser. Für Erstleser durchaus interessant, für wissenschaftliche Zwecke ist der Textkorpus allerdings nicht brauchbar.

8 Vergl. Andreas Graf: Abenteuer und Geheimnis: Die Romane Balduin Möllhausens (1825–1905). Freiburg 1992, S.34.

9 Hellmuth Mielke: Der deutsche Roman. Dresden 1912, S.314.

10 Heinrich Spiero: Geschichte des deutschen Romans. Berlin 1950, S.350.

11 U.a. Norber Falk [Hrsg.]: Das Buch der seltsamen Geschichten. Berlin u. Wien 1914.

12 Diedrich Theden: Życia za życie [Leben um Leben]. Warszawa 1904.

13 Neben Gustav Meyrink oder E. Th. Hoffmann finden sich zwei Erzählungen Thedens in einer Anthologie. Als Klassiker gelten ›Das lange Wunder‹ und ›Fein gesponnene Fäden‹. Ins Englische übersetzt erschien die Novellen unter dem Titel ›Christian Lahusens's Baron‹ und ›Well-Woven Evidence‹ erstmals 1909 in den USA in einer sechsbändigen Anthologie von Julian Hawthorn [Hrsg.]: The Lock and Key Library. Classic Mystery and Detective Stories. Rahway i. New York 1909, S. 16ff. u. S.252ff. 2005 als Nachdruck unter dem Titel erschienen: Library of the World's Best Mystery and Detectiv Stories. | 1927 tauchte die Erzählung ›Well-Woven Evidence‹ (›Fein gesponnene Fäden‹) in einer vom damals bekannten Krimischriftsteller

Willard Huntington Wright (Pseud. S. S. van Dine) herausgegebenen Anthologie auf, die von Experten als wichtig für das gesamte Genre erachtet wurden: The Great Detective Stories. A Chronological Anthology. New York 1927. Mehrere Auflagen der Ausgabe folgten. Wenig später erfolgte die Aufnahme in die Anthologie: The Best Short Stories of 1928. 1936 erschien die Erzählung in der vom Deutschamerikanischen Lehrerbund herausgegebenen ›Monatsschrift für Deutschen Unterricht‹.

[14] S.S. van Dine (d.i. Willard Huntington Wright) [Hrsg]. The Great Detective Stories. A Chronological Anthology. New York 1927, S.31.

[15] Revue internationale de criminologie et de police technique. Genf 1950, Bände 4-6, S.124.

[16] www.dartmouth.edu/~gjdemko/german.htm. Zugriff: 23.3.2016]

[17] Max Geißler: Führer durch die deutsche Literatur des 20. Jahrhunderts. 1913, S.618.

[18] Wilhelm Lobsien: Die erzählende Kunst in Schleswig-Holstein von Theodor Storm bis zur Gegenwart. Altona 1908, S.82.

[19] Laut Geburts-/Taufregister der Kirche Bornhöved.

[20] Vergl. Hermann A. L. Degener: Wer ist's? Unsere Zeitgenossen. 4. Ausg. 1909, S.339.

[21] Zwischen 21 oder 24 ha, je nachdem ob eine dänische Steuertonne oder das Schleswig-Holsteinische Flächenmaß angewandt wird.

[22] Vergl.: Heinrich u. Volker Griese: Wankendorf im Wandel der Zeit. Eine Chronik. Norderstedt 2009, S.200f.

[23] Richard Dose [Hrsg.]: Meerumschlungen. Ein literarisches Heimatbuch für Schleswig-Holstein, Hamburg und Lübeck. Hamburg 1907, S.258.

[24] Ebd., S.335.

[25] Vergl. Franz Brümmer: Lexikon der deutschen Dichter und

Prosaisten vom Beginn des 19. Jahrhunderts bis zur Gegenwart. 6. Auflage. Leipzig o.D. [1913], 7.Bd S.175f.
26 Degener a.a.O. | Königlich privilegierte Berlininische Zeitung, Vossische Zeitung, Morgenausgabe 27.11.1909.
27 Brümmer a.a.O.
28 Dose a.a.O. | Der letzte von jahrhundertealten Eichen und Buchen geprägte Urwald der Gegend, das Gehölz Lehmrade, wurde 1881 von den Nachkommen der ehemaligen Dorfherrschaft, Frau Rücker auf Gut Perdoel und Wilhelm Godeffroy auf Gut Lemkuhlen, an drei Interessenten, darunter zwei Wankendorfer Vollhufner – u.a. Hinrich Arp von ›Jägersberg‹ u. Jochim Christian Kummerfeld von ›Puckrade‹, verkauft, abgeholzt und zu Ackerland umgewandelt.
29 Vergl. dazu die mehrfachen Erwähnungen Thedens in Juliane Mikoletzky: Die deutsche Amerika-Auswanderung des 19. Jahrhunderts in der zeitgenössischen fiktionalen Literatur. Berlin 1988.
30 Brümmer a.a.O.
31 Friedrich Jacobs [Hrsg. Dietrich Theden]: Alwin und Theodor. Stuttgart 1883. | Friedrich Jacobs [Hrsg. Dietrich Theden]: Kleine Erzählungen des alten Pfarrers von Mainau. Stuttgart 1884. | Friedrich Jacobs [Hrsg. Dietrich Theden]: Die Feierabende in Mainau. Stuttgart 1884.
32 Dose a.a.O.
33 Vergl. Eduard Alberti: Lexikon d. Schleswig-Holstein-Lauenburg. u. Eutinischen Schriftsteller von 1866–1882. Bd.2. 1886.
34 Die Gartenlaube. Illustriertes Familienblatt. Leipzig 1889, Nr.16, S.274f.
35 Degener a.a.O.
36 Dose a.a.O.
37 Vergl. Richard Wrede [Hrsg.]: Das geistige Berlin. Bd.1. 1897. | Joseph Kürschner [Hrsg.]: Deutscher Litteratur-

Kalender auf das Jahr 1891 [u. 1894]. Eisenach u.a. 1891 [u. 1894].

38 Vergl. u.a. L. W. Seidel [Hrsg.]: Streffleur's militärische Zeitschrift. Bd.2, Heft 35. Wien 1894, S.354.

39 Peter Rosegger. Heimgarten. Leykam 1892, Bd.16, S.239.

40 Robert Reinick [Hrsg. Dietrich Theden]: Märchen. Stuttgart 1892. | Robert Reinick [Hrsg. Dietrich Theden]: Lieder und Erzählungen. Stuttgart 1894.

41 Wilhelm Hey [Hrsg. Dietrich Theden]: Fabeln und Gedichte nebst 55 Sprüchen. Stuttgart 1893.

42 Ernst Barlach: Die Briefe. 1.Bd. 1888–1924. Hrsg. Friedrich Dross. München 1968, S.177.

43 Bukowina Post, 25.1.1894, S.2.

44 Brümmer a.a.O.

45 Kürschner a.a.O. Leipzig u.a. 1897–1909.

46 Joseph Kürschner [Hrsg.]: Deutscher Litteratur-Kalender auf das Jahr 1897. Leipzig 1897.

47 Leipziger Zeitung. Wissenschaftliche Beilage. Leipzig 1904, S.176.

48 ›Ein Verteidiger‹ erschien z.B. noch 1922 in 8. Auflage. Die Gesamtauflage allein dieses Werkes belaufen sich damit um die 20 000 Exemplare. – Der Verlag Robert Lutz war auch der erste, der Mark Twain auf dem deutschen Markt etablierte.

49 Mährisches Tageblatt, 29.5.1908, S.6.

50 Vergl. Andreas Graf: a.a.O.

51 Widmungsblätter an Hans-Heinrich Reclam beim Erscheinen der No. 5000 von Reclams Universal-Bibliothek. Leipzig o.J. [1909], S.1031.

52 Funchal, in: Meyers Großes Konversations-Lexikon. 6. Auflage, 13. Bd., Leipzig 1906, S.40.

53 Diário de Notícitas, Nr. 9943, Funchal 24.10.1908, S.3.

54 Nr. 10041, Funchal, S.3.

55 H. J. Reimers: Reise-Führer von Europa nach Brasilien. Hamburg 1914, S.58.

[56] J. A. Barth [Hrsg.]: Zeitschrift für Tuberkulose. Bd.16. Leipzig 1910, S.47.
[57] Totenliste im Diário de Notícitas, Nr. 10337, Funchal 25.11.1909, S.3. – Übersetzung von Eberhard Axel Wilhelm.
[58] Mike E. Grost auf: http://mikegrost.com/rogue.htm#Theden [Zugriff 31.3.2016]
[59] Dietrich Theden: Lebend – tot. In: Lebend – tot. Hrsg. von Volker Griese. Norderstedt 2016, S.121.
[60] Dietrich Theden: Aus dem Geleise. In: Der Mord vom Brunkamp. Norderstedt 2016, S.261.
[61] Dietrich Theden: Auf der Flucht. In: Der Mord vom Brunkamp. Norderstedt 2016, S.36ff.
[62] Vergl. Anm.13 | Dietrich Theden: Das lange Wunder. In: Lebend – tot. Kriminalnovellen. Norderstedt 2016, S.32ff.
[63] Wrede a.a.O.
[64] Vergl. Richard Wenz: Dichter im deutschen Schulhause. o.O. 1915, S.407.
[65] Dietrich Theden: Ein Verteidiger. Stuttgart o.J. [1900], S.2f.
[66] Ebd., S.32f.
[67] Ebd., S.49.
[68] Ebd., S.60.
[69] Dietrich Theden: Der Advokatenbauer. Stuttgart o.J. [1899], S.95.
[70] Ebd.
[71] Der Türmer. Monatsschrift für Gemüt und Geist. 1904, Bd. 6, S.437.
[72] Dietrich Theden: Leben um Leben. Norderstedt 2016, S.258.
[73] Dietrich Theden: Leben um Leben. Norderstedt 2016, S.226.
[74] Ebd., S.208f.
[75] Dietrich Theden: Neujahr. Enthalten im Sammelband: Der Mord vom Brunkamp. Norderstedt 2016, S.94ff.
[76] Dietrich Theden: Leben um Leben, S.124f.

77 Dietrich Theden: Die zweite Buße. Stuttgart 1903, S.19.
78 Vergl. dazu: www.stolpe-am-see.de/2015/03/die-grafen-luckner-auf-depenau-1783-1838 [Zugriff 31.3.2016].
79 Vergl. dazu: Volker und Heinrich Griese: »Wie alles sich angefangen« oder »wie die Unterthanen von dem Herrn Obrister regieret«. Materialien zur Leibeigenschaft im Gutsbezirk Depenau. Jahrbuch für Heimatkunde im Kreis Plön. o.O. [Plön], 2006. S.182–200, Broschur.
80 Dietrich Theden: Die zweite Buße. Stuttgart 1903, S.24ff.
81 Dietrich Theden: Auf der Flucht. Enthalten im Sammelband: Der Mord vom Brunkamp. Norderstedt 2016, S.20ff.
82 Dietrich Theden: Wer wirft den ersten Stein. Enthalten im Sammelband: Lebend – tot. Kriminalnovellen. Norderstedt 2016, S.183.
83 Dietrich Theden: Das Geheimnis des Klosters. Enthalten im Sammelband: Lebend – tot. Kriminalnovellen. Norderstedt 2016, S.105ff.
84 Dietrich Theden: Der Geheimrat. Enthalten im Sammelband: Lebend – tot. Kriminalnovellen. Norderstedt 2016, S.7ff.
85 Dietrich Theden: Der Sklavenhändler. Enthalten im Sammelband: Der Mord vom Brunkamp. Norderstedt 2016, S.204ff.
86 Dietrich Theden: 'ne Hand voll und'n Sack voll. Enthalten im Sammelband: Lebend – tot. Kriminalnovellen. Norderstedt 2016, S.193ff.
87 Beide Erzählungen enthalten in: Dietrich Theden: Lebend – tot. Kriminalnovellen. Norderstedt 2016, S.61ff. u. 19ff.
88 Enthalten im Sammelband Lebend – tot. Norderstedt 2016, S.117ff.
89 Ebd., S.117.
90 Dietrich Theden: Verlorene Heimat. Enthalten im Sammelband: Der Mord vom Brunkamp. Norderstedt 2016, S.11.
91 Dietrich Theden: Ist es möglich? Enthalten im Sammelband: Der Mord vom Brunkamp. Norderstedt 2016, S.78.

Dank gebühren
Eberhard Axel Wilhelm, Lissabon,
der den Hinweis auf Dietrich Theden gab
und die Daten zum Aufenthalt Thedens auf Madeira
erforschte, Wolfgang Sämmer, Würzburg, für Besorgung von
Unterlagen sowie Hermann Wiedenroth im ›Bücherhaus‹ in
Bargfeld b. Celle, dessen umfangreiche Handbibliothek über
deutsche Autoren sowie zum Verlags- und Editionswesen
zu Recherchezwecken zur Verfügung stand. Auch Denis
Lakey sei gedankt, der für das leibliche Wohl
während der Bargfeld-Aufenthalte sorgte.

DIETRICH THEDEN
Ausgewählte Werke

DER ADVOKATENBAUER – Der Wankendorf Krimi.
Ende des 19. Jahrhunderts. Da ist das im Kreis Plön gelegene Reickendorf. Der reiche und kinderlose Bauer Oldekop wird von seinem Bruder ermordet. Schnell gerät er in Verdacht, doch das Alibi scheint stichhaltig. Auch die Staatsanwaltschaft kann es nicht zum Wanken bringen. Im Gegenteil: Mit Verve zerpflückt der Angeklagte die gegen ihn aufgebaute Indizienkette und kommt wieder frei. Der vor Gericht mit seinen Ermittlungen gescheiterte Polizist macht auf eigene Rechnung weiter.
ISBN 978-3-7392-2045-1 | Norderstedt 2016 | 256 Seiten | 12,80 EUR

LEBEN UM LEBEN – Der Depenau-Krimi.
Ende des 19. Jahrhunderts. Da ist das im Kreis Plön gelegene Gut Deepenhagen und ein junges, kurz vor der Hochzeit stehendes Paar. Doch unvermittelt verschwindet der Bräutigam. Ein von der Familie beauftragter Detektiv und die Polizei ermitteln. Wenige Tage später wird die Leiche des Vermissten im Moor entdeckt und der Förster als Mörder verhaftet und auch verurteilt. Doch ist er es wirklich? Ein Roman von Liebe, Leid, Justizirrtum und der Wertschätzung auch der Ausgestoßenen der Gesellschaft.
ISBN 978-3-7392-3901-9 | Norderstedt 2016 | 280 Seiten | 12,80 EUR

Herausgegeben und mit einem Nachwort versehen
von Volker Griese

DIETRICH THEDEN
Ausgewählte Werke

DER MORD VOM BRUNKAMP – Ernste und heitere Novellen. Ob Kriminalerzählungen oder problematische Beziehungsgeschichten, immer wieder greift der Autor auf die Region zurück, in der er aufwuchs: Da tut sich u.a. Merkwürdiges auf Gut Depenau, in Wankendorf geschieht ein Mord, auf den Höfen der Umgebung z.B. dem ›Grünen Jäger‹ ereignet sich fast eine Tragödie. Und was hat es mit dem »Sklavenhändler« auf sich, der Gut Löhndorf erwirbt?
ISBN: 978-3-7392-4309-2 | Norderstedt 2016 | 284 Seiten | 12,80 EUR

LEBEND – TOT – Kriminalnovellen. Ende des 19. Jahrhunderts. In Holstein geht es hoch her. Da fällt die Tochter des Bornhöveder Pastors auf einen Heiratsschwindler herein, bei Nettelsee macht ein mysteriöses Haus von sich Reden und in Bordesholm wird ein Gastwirt und Kaufmann nach Strich und Faden betrogen. Dagegen fordern Eifersucht und Zwietracht bis hin zum Mord zwischen Wankendorfer Bauernfamilien ihren Tribut. Und auch auf Gut Perdoel geschieht ein Mord. Ganz im Vorbeigehen erhält der Leser dabei einen Einblick in das einfache Leben auf dem Land zur damaligen Zeit.
ISBN 978-3-8391-3940-0 | Norderstedt 2016 | 240 Seiten | 10,80 EUR

Herausgegeben und mit einem Nachwort versehen
von Volker Griese